韓国研究の魁 崔書勉

橋本明

日韓関係史を生きた男

未知谷
Publisher Michitani

はじめに

隣国の朴槿恵（パク・クネ）大統領が二〇一七年三月十日憲法裁判所八人の裁判官全員一致の判断で青瓦台（大統領府）を追われた。さらに同月二十一日ソウル中央地方検察庁は前大統領を出頭させ、本格的捜査を始めた。

友人崔順実（チェ・スンシル）を使い、人事介入、機密文書流出を許した行為を憲法守護の観点から容認できない重大な法違反と見た結果である。

国会が「ロウソク民心」を名分に弾劾訴追議決という政変を起こしたのは二〇一六年十二月九日。ロウソク集会について韓国のマスコミは大統領罷免直後から「メディアの乱」の姿をひそめ、ロウソク集会が多発した模様を反省し始めた。一体韓国の正統勢力は誰なのか、という背景を探り始め、ロウソクがどのような扇動と行動を受けたかを問題とするようになったのだ。

在日韓国人を読者とする日本語新聞社統一日報（姜昌萬発行人）によれば、

自由民主体制守護のため決起した運動とは、個人的参加から家族らが共に参加し、同窓会、同友会、職場単位へと拡大、特に陸海空軍士官学校など全軍の将校養成機関、あるいは外交官が特検と検察も公敵とする太極旗集会を指す。これらが歌う集会での歌は軍歌である。

ロウソクは大韓民国に挑戦した反乱勢力であって、朴槿恵を政界から消し去り、従北勢力の扶植を図る連中というわけだ。韓国社会はいま、建国以来最も深刻な理念対立と分裂の中にある。このままでは文在寅（ムン・ジェイン）が大統領選でトップを走り、政界を握ることになる。

彼女の父朴正煕（パク・チョンヒ）元大統領と胸襟を開いた崔書勉《さいしょべん》（チェ・ソミョン）文学博士だったが、娘の失脚については沈黙を守っている。外国にあっては内政問題に首を突っ込まない信条だからであろう。

昔日、亡命途中の崔青年を引き止めたのは当時の最高裁長官田中耕太郎だった。法を犯して日本に来た青年に再び出国という選択はないと説き、日本にあって役に立つ勉強をしなさいと言い含めた。爾来六〇年、年齢も九十歳をこえ二つの博士号を韓国で修めた。今ではもう記憶に残す人物もほとんどが冥土に籍を移しており、彼の活躍を知る人々は「崔書勉を囲む日韓談話室」のメンバーと学者に限られようか。

しかしこの人物ほど奥深い内容を持つ人は現代韓国・日本社会を総じていないと感じる。足跡を追い歴史の中に生きた姿を顕わす実像に筆を進めよう。

韓国研究の魁　崔書勉

目次

本文中の韓国の人名は、隣国に敬意を払う意味で韓国読みを（　）で示しました。なお、表記に関しては、在日本韓国ＹＭＣＡアジア青少年センターの田附和久氏の教示を得ました。謝して明記します。（編集部）

韓国研究の魁　崔書勉

日韓関係史を生きた男

第一章　征韓論を排す

大統領夫人の死

一九七四（昭和四九）年八月十五日、大韓民国では朝野を上げて光復節を祝った。

光復節とは日本がポツダム宣言を受諾し、裕仁天皇自ら終戦の詔勅をラジオ放送を通じて発表した日である。三六年間に亘った国権収奪の刻苦をはねのけ独立を手中にした朝鮮半島の隣人たちは、敗戦を刻印した大日本帝国崩壊の日をもって独立回復の日と定めたのだった。

恒例となったこの日、首都ソウル南山の国立劇場で祝賀行事が行われていた。朴正熙大統領が祝辞を述べていたときである。客席中央付近から立ち上がり通路に出て演壇に向かって走り出た男がピストルを発射した。大統領は異変を察知して演壇に身を隠して難を避けたが、男は椅子席に坐っていた大統領夫人陸英修（ユク・ヨンス）を狙撃。銃弾は彼女の骨髄を撃ち抜いた。もう一発、太極旗に命中。応戦したＳＰの流れ弾が合唱隊の一人、十七歳の少女張峰華に当たり、彼女は死んだ。病院に運ばれた陸英修は五時間余の手術も功を奏さず、死亡した。

一報を受けて共同通信社編集局は騒然となった。本記は外信部の責任でまとめ、刻々と入電する新素材を差し替えては全国の加盟社に、テレビ・放送局にはラ・テ局から、世界には国際局から発信されていく。

犯人が大阪出身の在日韓国人文世光（ムン・セグァン）、日本名南条世光と判明した時点で事件はさらに衝撃度を増し、大阪支社社会部が全力を挙げて国内補強取材に突入した。文世光の自宅を捜索した大阪府警は拳銃一丁と弾丸を発見、さらに韓国革命と朴正熙大統領暗殺を謳った「戦闘宣言」という論文を押収した。七月十八日大阪市南区（現在の中央区）高津派出所からピストル二丁と実弾が盗まれており、そのうち一丁をひそかに持ち込んで犯行に及んだものと断定されるまでそれほど時間はかからなかった。

問題は一人支局の布施茂芳ソウル支局長を助ける応援体制の即時実施である。外信部幹部は当然のように在日韓国大使館にビザ発給を申請した。だが「時間がかかる」と言われたまま手をこまねいて待機するだけであった。

社会部デスクの一人だった筆者は編集局対角線上の南東隅にある外信部に近寄り、血相を変えている水藤真樹太記者の背中を突っついた。

「ビザは申請したのか」

「しましたよ。でも音沙汰がない。外信幹部に打開する才能の持ち主はいませんよ。なんとかしてください」

「よし、手を尽してみよう。その代わりビザが出たら小生も韓国に行くからな」

水藤は社会部から外信部に異動した有能な男で仕事ぶりはよくわかっている。その足で犬養康彦社会部長に会い、「タイスケを頼みとして韓国ビザ入手に動いてみます」と告げた。

筆者の出身校学習院で中等科から大学卒業まで机を並べた友人に作家となった藤島泰輔がいる。当時日本ペンクラブ理事として金芝河（キム・ジハ）問題の渦中にあったが、日頃口癖のように崔書勉東京韓国研究院長という凄い人物がいること、怪物といわれるほど実力を備えており、影の駐日韓国大使と目されているなど話題に取り上げていた。

電話器を取り上げダイヤルを回す。幸い在宅の模様である。

「タイスケ？　オレだ、橋本だよ。知っての通り大騒ぎだが、助けてくれないか。ビザが欲しいんだ」

「わかった。すぐ一緒に研究院に連れて行くよ。紹介するからキサマはただお願いすればよろしい。ちょうどいい機会じゃないか」

社の車を手配し麻布十番付近でタイスケを拾ったわれわれは駐日ソ連大使館北側を入った東京韓国研究院に崔院長を訪ねた。二階の院長室に入る。客をねめつけるように、等身大の張り子のトラが一匹牙をむいている。その奥、大きな机の南窓を背に崔書勉がギョロメを眼鏡のレンズで拡大しながら二人を迎えた。

「や、崔です。国では大変なことになっていますが、共同通信社となれば当然現地取材を希望するでしょうな。それで？」

「痛み入ります。お察しのように現地取材が欠かせません。韓国大使館からは事実上発給を拒否されて困り抜いています。友人藤島が日頃恩顧を受けている崔院長に特にお願いし、われわれのためにビザを発給していただきたいと考え参上しました」

「ところで何枚必要なの」

「二枚です」

「では貴方もソウルに行きますか」

「当然です。私および私が信頼する外信記者一人計二名で出来るだけ速く出発したい。現地には一人布施というソウル支局長がおり、三人体制で当たります」

筆者がソウルに行くなど誰も決めていないのに、筆者以外に誰が担当するかと考え自分と水藤の名前を崔院長に預けた。翌日手品師の手さばきのように査証二通が目の前に並んだ。その後の経緯はよく覚えていない。だが共同通信は筆者と水藤をソウルに派遣したのだった。

朴正熙体制は日本では蛇蝎のように嫌悪されていた。大衆抑圧の権化、軍事力による実効支配、人権蹂躙、右翼による翼賛体制などロクな評判はなく、夜間外出禁止令（カーヒュー）によって市民は人間扱いされていないと酷評していた。反体制派だけが日本人が話をするに価する相手であって、自由は一切なく、物言えば唇寒し……とまともな意見表明も出来ない独裁国家。そのようなイメージだったのである。

だから入国までにさまざまな検証をしてみようと私なりに案を練った。

軍事独裁国の韓国がなぜピストル持ち込みを見抜かなかったのか。文世光はなぜ堂々とピストル携行のまま国立劇場に入れたのか。韓国人は外国人に甘い人種か。会場に着席するまで警備員はどう対応したのか。立ち上がって通路に出るまで誰も阻止しなかったのはなぜか。市民は体制におびえて楽しみさえ奪われているのか。食料は貧しく、みな飢えているのか。商店に品物はないのか。価格はどれほどか……等々。

金浦国際空港は強い日ざしを受けて燃え立つように暑かった。手荷物検査場がずらっと並んでいる大部屋に入り、順序良く指定されたところに到着したとき私の荷物は大型旅行スーツケースに身の回り品を詰めたバッグだけである。当然鍵はかけてある。羽田飛行場で用意したジョニーウオーカー一本をビニール袋に入れ、入国管理官に手渡した。

「ご苦労さん、これは入国検査という大役をこなしている貴官へのお土産です。心ばかりのものだが受け取ってください」英語で口上を申し述べた。係官は人の良さそうな表情を笑顔で包み、「ありがとう。頂戴しておく。そのままお通り戴いて結構」と答えた。さっとウイスキー入りビニール袋を審査台下に隠したものである。

私が実施した検証第一号は収穫を挙げた。これにより、韓国の表玄関での腐敗の実態を把握し、賄賂が効くという答えを私は引き出した。鍵を開けるまでもなく通関できたのはウイスキー一本の効用だったのである。文世光はピストルを分厚い本をくりぬいて隠し、なんなく入管事務を潜り抜けたと後で知り、検査のずさんさが明確になった。朴正熙がいくら威張っていてもこのていたらくならば韓国は普通または普通以下の国でしかない。私はこう結論した。「たいした国ではないな」とつぶやいて水藤と二人、出迎えてくれた布施支局長と都心に向かった。当時先輩で社会部長、大阪支社長、総務局長、編集局長、常務理事などを歴任した長与道夫について思い出したことだった。にわかにソウル支局長を命じられ、デモ取材の際ジープから転落、足を骨折して帰国したことを。しばらく静養した後初代ジュネーブ支局長に転じた。私もまた四代目のジュネーブ支局長を勤めたのだがそれはまだ三年先のことだった。

宿舎で韓国ソウル初の朝を迎えた私は不意の来客に面食らう。崔書勉氏だったのである。

「言葉も分からない、初めての訪問国で難しい事件取材をしなければならないあなたを思うと東京に安閑としていられなかった。私が手伝うからついていらっしゃい」

有り難い援軍のお出ましに、もとより断る理由などないではないか。凶行現場を振り出しに崔さんの好意を受けた筆者は彼が乗ってきた車に同乗し、南山の国立劇場を視察した。

「大分様子がはっきりしてきたね。文世光は凶器調達のため香港に旅行したが拳銃入手に失敗した。昨年つまり七三年五月、北朝鮮所属の万影峰（マンギョンホー）号が大阪湾に停泊中、船内で朝鮮労働党対外連絡部の工作指導員から綿密な指導を受けた。文が香港から戻ったのが十一月。その後文は射撃訓練を受け、偽造ビザ、偽のパスポートを渡され、この八月六日金浦空港から入国した。なんでもトランジスターラジオの中身を空にしてピストルを詰め、発見されずに持ち込んだそうだ」

分厚い本をくりぬいて隠したのではなかった。空港から文はソウルでは超一流とされた朝鮮ホテルに投宿し、犯行当日の朝同ホテル所有の高級車フォードを借り上げた。日本人商社マンに会う日本政府高官という口実を信じたホテルマンは言われる通り、フォードを用意した。文世光は中折れ帽子をかぶり、重厚な紳士といった服装に身を固めて国立劇場を目指した。金持ち紳士、鷹揚にふるまう人間を軽く信用する風土、とは、筆者が第二に得た韓国に関する結論である。

厳重に封印された国立劇場も崔書勉氏の前では無力だった。警備員が案内する形で場内に入った筆者たちは満席となった当日の式典会場を想像上再現し、飛び交う銃声と場内の音との関係を詰めてみた。大統領演説が始まったころ韓国式音楽は控えられていただろうが、スピーカーはかなり大きい。銃声はかき消されたに違いない。軍人出身の大統領はしかし演説中でありながらも発射された銃声を聞き分けたかもしれない、危険を感じて体全体を演台の裏に伏せて凶弾を避けた。やや後方で身を曝していた陸英修夫人は恰好の標的だった。

会場警備の警官は一流の服装をした男を日本政府関係者と信じ、招待状がないにも拘わらず確認を怠り文を入場させた。本人確認をさぼった警備員は当然責められる誤りを犯している。安易な下級官僚の実態が目に見えてきた。

「どうやら本人は最初、大統領一行が入場するときを狙って発射するつもりだったようです。朴大統領夫妻が少年少女に囲まれたのを見て断念し中央付近に席を占め、観察した。祝辞が始まってそこそこ、彼は身体に隠し持っていた拳銃を取り出そうとし、誤って引き金に触れてしまったんですな。暴発した弾丸は文自身の左太股を貫通したんです。銃声はスピーカーから流れる大統領演説のため、周囲の人にも気づかれていない。通路を前方に走り始めたとき変事発生を知ったようです」

崔書勉が連れてきた一人の説明である。

「朴大統領はね、倒れた夫人が会場外に出された後も平然と演説を続行し務めを果たした。終わって病院に急行し、緊急治療室に飛び込んだとき、号泣したといわれる。夫人をかき抱いて泣き止まなかった」

悲しげに崔氏は語った。前後の模様から韓国政府は在日北朝鮮の組織、朝鮮総連が事件に関与しているとの見方を強め、日本政府に伝えたとされる。文世光を教育し、テロリストに育てたのは直接的には北朝鮮であろうが、諸経費支給などの面で靖国神社横に本部を置く朝鮮総連が手助けした疑いを深めた。日本政府は最終的に証拠がないとしてこの見方を否定している。

庶民生活

筆者たちは陸英修夫人葬儀を取材した。残暑がなお猛威をふるう青瓦台を出発した車列は光化門から李瞬臣立像が立つ目抜き通りを南大門方向にたどった。およそ百万の市民が沿道を埋め尽したといわれる。小高い丘に仮設された特別葬儀場の下方から人影が識別できた。セーラー服姿の可愛らしい娘さんが背筋をピンと伸ばして参列していた。後の政治家朴槿恵の幼い姿だった。水藤記者は葬儀の模様を電話で東京の共同本社に送り込んだ。

現場を歩いた日の夜、崔書勉氏は筆者をウオーカーヒルズに送り込んだ。

「疲れを十分に癒しなさい。あそこは涼しいし食べ物も美味い。好きなら賭博も楽しめます」

日本では考えれないほど広々した部屋に入った私はセミダブルサイズが二つ並ぶベッドに仰向けに倒れこんだ。ひどく疲れていた。気がつくと陽射しが傾いている。浴槽を満たしてさっぱりし服装を整える。午後七時ころダイニングルームに入り、ハーフサイズのシャブリを注文した。温野菜とステーキをメニューから選んでゆったりくつろいだ。客種はほとんどが軍関係の米人たちだった。ルーレットやバカラを楽しむつもりだろう。腹が満たされると強い酒が欲しくなった。バーを探して止まり木に席を占める。女がいた。躊躇なく話しかける。

「私は大学生です。今日は一日政府関係のお客さまを案内する役目でここまで来ました。お歳を召してるのでもう就寝されました。ジュースでも頂いてソウルの家に帰ろうと思っていたんです。韓国語は分かりますか」

「いや、私も今度の事件取材で来たばかりですよ。初訪問なのでおよそハングルはわかりません。ヨボセヨ、カムサハムニダくらいですかね」

「あら、それならすぐ覚えますね。発音がいいわ。お教えしましょうか」

「そう願いたいところだが、長逗留は出来ません。初めて韓国女性と話せただけで十分満足です。どうですか、軍政再現みたいな朴維新体制下の生活は」

「他の国を知らないので比較できないけれど、私たちはいまでも大家族制度を守っています。

若手が働いて生活を支えなければならないので、仕事口さえみつかれば、生活費を求めて父母を助けます。みんなで支えあうので貧乏かもしれないけれど、心豊かな家族生活を送っていますよ。勉強しながらも働くのは日本でも同じではないですか」

会話は英語で進んだ。ほの暗くなったバーに小さな照明が灯された。改めて女を見つめると、健康な体つきで顔も大きい。素肌に半袖のブラウスをまとい、スカートの色は薄い茶系だった。

「親はありがたいです。高い教養を身につければそれだけ社会で重用されますから、苦労してでも大学に通わせてくれます。消費生活ですか？　物価高とは思いません。衣料など安く手に入ります。もともと器用な人種なのでモノづくりには似合っているのかしら。男の子は軍隊に志願するとか警官を目指すのも多いわね。昔から高級官吏になるのが男のユメですね。両班《りゃんばん》とか科挙《かきょ》の試験に受かれば人生は保証されたようなもの。だから現代でも大学入試のときは真剣ですよ。親たちも祈って過ごしますわ」

圧制下にある人間のつぶやきではなく、普通に生活し、当たり前の幸福を追求している様子がほほえましい。

「でもここは韓国ではない、アメリカと言ってもいい別天地です。ですから街を歩いて観察するといいわ」そのような言葉を残し、ウオーカーヒルズで働く人たち専用のバスに乗りますからと、女は去っていった。

布施支局長は遠来のわれわれ二人を手厚く遇してくれた。毎夜仕事が終わると繁華街や飲み屋街に案内する。海賊鍋や蔘鶏湯《サムゲタン》を食べ、美味いビールを飲む。適当な時間になると女がたむろしているサロンなどに連れて行き、「たっぷりお楽しみを」と言って自分は引き揚げてしまう。水藤と二人で気に入った女性をそれぞれ選び同じ部屋で会話を交わす。たどたどしいが水藤の韓国語はこういう場面で良く通じ、女たちが喜ぶのだ。

「韓国女性の肌がつるつるしているのはキムチを常食しているからですよ」

韓国ではどのような料理屋でも自家製キムチを無料で提供する。それぞれの家でも特製のキムチを客人にふるまう。漬ける方法は千差万別だそうだ。大きな焼きものの壷につけて庭などに埋めておくと自然に変化する地熱を受けて香ばしい漬物になるとか……

「毎晩お客さんを喜ばせて一体何時ころ家に帰れるの」と聞いてみた。

「午前二時ころかしら。お給料は親に差し出すの。そのなかから小遣いをもらってる」

女子大学生の話に似かよっていた。

あるときは長方形型の店に入った。長いカウンターで食事をするのだが、片方は通路で隔てられてカーテンで仕切った個室方式になっている。薄物だから見えてしまうが、額を寄せたカップルが青春を謳歌していた。日本よりもオープンだし、みな、楽しげだ。ちょっとしたお金で人生を楽しむ仕掛けがこの国には根を張っていると思った。

ある個室から男女二人が小声で歌う「ムグンファの歌」が流れてきた。

「ムクゲ（無窮花）ではなかったっけ。日本語では槿と書くが、韓国では国の花として三千里の山河に咲く花として親しまれていると聞いた」水藤を眺めやってつぶやいた。

「そうですよ、なんだ、簡素なメロディーなんだ。無窮花勲章といえば国民的広がりのある勲章で第一級とされてますね」

夏から秋にかけて咲く薄い紅を散らし、五弁の花芯はピンク色に染まっている。韓国ではむしろ童謡のジャンルに入る。こうした触れ合いも実に心を和ませた。

僅かな日数で出張中の身であるから庶民体験に貪欲に取り組み、設定した質問の答えを探す仕事に熱中した。到着した晩、筆者は韓国ペンクラブの白鉄（ペク・チョル）会長に面談を申し込んでいた。藤島泰輔から会えるようだったら……と電話番号を渡されていたからだった。大統領夫人の葬儀が終わった翌昼電話があり、夕食をともにしようと言われ、指定された料理屋に出向いた。白鉄会長は宮廷料理をご馳走してくれた。両国ペンの争いとは無関係にお願いすると申し入れておいたので、温厚な白鉄氏は料理の説明と韓国伝統の宮廷料理が薬膳を基礎にしている理由などを熱心に語った。しかし言葉の端々に朴政権が言論を封じていると決めつける日本の風潮を厄介視する様子が濃厚に読み取れた。筆者は会長に向かい、「自分は見たまま、あるがままのお国について印象記をまとめるつもりでいます。客観的な描写に終始するでしょうが、韓国を全く知らないで評論するような愚は犯しません」そう話した。

狐顔のキーセンが派手な色彩のチマチョゴリを着用して現れた。私の横に陣取り、片足は立てて折り、もう片方は折りまげて坐る。ふっくらとしたスカート部分で覆い、構えが決まると銀製のような箸を使って四十枚ほど並んだ小皿から料理をつまんでは私の口に放り込み始めた。ハングルしか通用しないので黙りがちになる。白鉄会長が間を取り持つ形で静かな夜が更けていった。真夜中になると外出禁止令が発動時間を迎える。その前にホテルに戻らないと困ることになる。筆者は礼を述べて料理屋を去った。直前キーセンがなにやら会長に訴えた。彼は顔を横にふった。その翌朝である。電話が鳴った。

「英語を使う友達なんですが、昨夜のキーセンが私は務めを果たしていない。それでは困ると言っています。いまからホテルに行かせますからお部屋に入れてください」

びっくりした。と同時になにかしてあげようと思い、その女性に「ロビーで待つように言ってください。私は出かける用事があるので彼女の好きなものを一つプレゼントしますよ」と告げた。お金なんか要らない、私を抱いてほしい。身振り手振りで彼女が激しく迫るのをなだめ、買い物に出よう、なにが欲しいのと聞いた。とうとう諦めてくれた様子である。では付いて来て、という彼女に従って街に出ると行き着いた先はオーディオ店だった。これ、くださいと指さすＣＤを一枚購入し、うやうやしく進呈した。初めて彼女はにっこりと微笑んだ。

「カムサムニダ、サヨナラ」

身を翻して昼間の雑踏に飛び込み、やがて視界から消えた。

文世光事件は日韓関係を国交断絶寸前にまで追い込んだ。関係修復は必須の要事だった。田中角栄首相は陸英修夫人葬儀当日訪韓し、葬儀に参列した。ところが田中の口をついて出た言葉は事件発生を詫びる口上としてはふさわしくなかった。

「ひどいめに遭いましたね」軽く、そう言ったのだ。

朴大統領は無神経で失敬このうえない田中の挨拶に激怒し対日不信を増加させたといわれる。日本政府はその後椎名悦三郎を特使として韓国に派遣し、縷々なだめにかかるのだった。

短い滞在であったが、筆者を受け入れてくれた韓国政治家は二人を数えた。国会議員で韓国文公委員会委員長（日本の文教委員会に相当）陸寅修（ユク・インス）と無任所相ながら統一問題を扱う李秉禧（イ・スンヒ）国会議員。陸氏は朴大統領の義兄だ。彼はわざわざ滞在先ホテルに筆者を訪ねてこられ、朝食を共にするなど、胸襟を開く仲となった。この交際は脱腸という奇病に罹って体力を激しく減らすまで続いた。崔書勉がつぶやいたことを思い出す。

「陸さんは政局ににらみを利かせて怖がられていた。あなたがあんな怖い人と仲良くできるのは不思議な気がしたものだ」

崔氏が陸の死後数年を経て漏らした感想だった。しばらく残るという水藤記者と別れて金浦空港から羽田に向かった筆者は機内で手記として書き記す内容を点検した。帰宅すると一気に書き始めた。四百字詰め原稿用紙で四十枚を脱稿すると文藝春秋社に持参し、雑誌『文藝春秋』の名物編集長田中健吾を訪ねて手渡した。面識もなくいきなりやってきた男から原稿を預かった田中の度量はいまになっても計りがたい。しかし、読んでくれたのだろう。突っ返すどころか、

「採用するよ、使わせてもらう」と電話で通知してきた。

一九七四年九月末くらいのことだったと記憶する。夢のような感じで発行日を迎えたのだが、筆者の記事は「征韓論を排す」という見出し付きで十一月号に掲載された。一字一句も削られていない。しかも掲載誌は立花隆の「田中金脈研究」と児玉隆也の「淋しき越山会の女王」二本立てが珠玉の光りを放って踊り、田中角栄の政治生命を絶つに至る彼らの調査報道記事と同時掲載であった。歴史に記録される売れ行きで発行部数を伸ばしたこの号は隣国韓国でも広く読まれた。国務総理金鍾泌（キム・ジョンピル）を含む多くの現職政治家が「征韓論を排す」に眼を通したといわれる。筆者は韓国で知られる存在になった。

風の便りだったが、筆者が入管当局内の賄賂性を暴いたことから、あの入管管理官がクビになったと聞いた。既述した通り、筆者は朴政権下の韓国が「普通の国」であると認識していた。厳しさなどどこにも発見できなかったばかりではない、「貰えるものは貰っておく」精神が横溢する甘ったれた構造を持つ国だったし、警官など下級官吏は権威にもろかった。相手が何者か調べもせず「大人の風格を具えた」相手であれば、一も二にもなく敬礼してしまう。街にあふれる若者らは人生を出来るだけ楽しんでやろうという気分であり、大家族制度の下で家族・縁者が肩寄せあって生きていく姿には愛らしささえ覚えた。

筆者が見抜いた韓国社会はどれほどきつい指導者を戴いているにせよ、それは自国人である韓国の人、つまり同族である仲間の、必要から生まれた仮の姿でしかないという事実だった。一九一〇（明治四三）年以来日本が支配してきた韓国では最早ありえない、自分たちが主人公の、自分たちが結局は経営する、自分たちの国、という安心感が支配していた。国民の表情に暗さはなく逆に燃えるような希望と明るさを秘めた社会だった。筆者は見聞したままの韓国を描き、異国人（日本）支配から脱した自由さを、戒厳令下の韓国にも彩を添えるかけがえのないパワーとして捉え、そのような隣国について一つの視点を設けたつもりであった。

「このような記事を書いてもらっては私たちが迷惑する」

昂然と筆者を批判した社会部記者がいる。民主主義とか四民平等を金科玉条とし、専制政治を人民抑圧の犯罪行為とみなし、だから朴正煕は悪の代表と結論しないと自分の内部世界を統一できない哀れな男の反応だった。日本帝国主義三六年の支配下で行われた柱は韓国から国権を奪った事実に集約できる。敗戦の日まで日本が行ってきた非道にして利己的な「日本にとってよければ、それでいい」とする一方的抑圧態度と同質な性格を、筆者は朴政権に見なかったのである。

戦後日本の犯罪性

筆者の記者生活は一九五六（昭和三一）年共同通信社に入社し、社会部に配属されたときから始まった。警視庁七社会クラブに所属した一年有余を除けば終始遊軍記者で通すという、やや珍しい経歴である。一九七四年の韓国初訪問以前に朝鮮半島と関わった経験は日本赤十字社が窓口となり政府が背後に控えて実現した在日朝鮮人の北朝鮮帰還業務開始で新潟市内の現場取材に当たったことしかない。同期の遠山芳晴も一緒だった。某日夜、遠山は両親の住む実家に私を招いて晩餐の席を設けた。新婚ほやほやだった妻の輝久子も来ており、華やかな雰囲気の会食となった。だが朝鮮総連相手の取材から逃れる貴重な機会とあって飲みすぎた。きちんと着こなし、夫の同僚である若者に酌をかさねてくれたのはよかったのだが、筆者はいつの間にか和服の膝に倒れこみ盛大に吐いてしまう。偉いのはそのときの夫人の水際立った仕切りと対応だった。

気合をこめて受けて立ったと言えばよいのか、実に優しく筆者の頭を抱くように畳上に下ろし、自分はさっと下がって短時間で着替えを済ませる。吐瀉物をふき取ると隣室に床を延べ筆者を寝かせつけたものだ。その間ほとんど無言だったと記憶する。翌朝は遠山芳晴に深く詫びた。

もう一つ記憶に刻んでいる朝鮮人像は二〇一〇年八月現在満百一歳になる母千代子から聞いた話の断片に関係する。大正十二（一九二三）年午前十一時五十八分、マグニチュード七・九、震度六の地震が東京を襲った。関東大震災である。当時第五高等女学校一年生だった母はセーラー服に学校カバンというでたちで、船橋の自宅に帰るため両国駅のフォームで列車を待っていた。その時、激しい揺れに見舞われた。幸い船橋在住の郵便局長が同じフォームに居合わせ、母千代子の名前を確かめると、こう言った。

「三好一閣下のお嬢さんですね、老僕ですが役に立つ男を残していきます。私は用事があるので徒歩で船橋に戻ります。揺れはまだまだ続くでしょうが、頑張って無事に戻ってきてください」

局長の老僕は駅舎を離れ、母をなるべく安全な場所を経由して保護した。一点にわかにかき曇り風が舞って大地が揺れたそうだ。昼食を用意する時間帯だったため、東京市内一三四箇所から発火した。上野公園、宮城広場など安全地帯の名が告げられると群衆は道路を埋め尽くしてその方面に殺到した。多くの死者を出した被服廠前に差し掛かったとき、彼は「ここはかえって危ないと思うので千駄木の方向に行きます」と若い母を案内して行った。

火の粉が降り注ぎ、熱風が吹き荒れた中で、デマが飛び交う。母はとんでもない風景を目撃してしまう。不安を鎮めるためだったろう、市民たちが自警団を組織した。日本刀や竹やりで武装した。母が見たのは火消し用務の保護団員ではなく自警団が朝鮮人を数珠繋ぎにし、棍棒を振り上げて尻や肩を殴打しながら引き立てていった光景だった。

「人権蹂躙もきわまれりという状況だったわよ。ひどい、あまりに無慈悲な行動を見て私は眼を覆った。朝鮮人が暴動を起こすなどあり得ないのに、流言飛語を勝手に飛ばして、しかも警察官みたいに連行するなんて」

若い折にも何度か聞いた震災物語を百一歳の母が眼にうっすら涙をたたえて再び訴えたのだ。第一夜は根津神社近くを走る鉄路の上で野宿したそうだ。空き家から敷布団などを持ち出し、鉄路に渡した戸板の上に仮説ベッドをこしらえて寝かせてくれたの、とまるで昨日のことのように思い出している。

「どうしてでしょうね、朝鮮人蔑視を日本人が抱くのは。私には理解できない」

翌日燃え盛る街、ごろごろ転がる遺体を道や川に見ながら、母は何本もの高架鉄橋を渡って船橋に戻り家族と再会を果たしている。

詳細は第五章で取り上げるが、安保闘争前年に刻まれた北朝鮮帰還業務の本質とは故国を桃源郷と信じて戻った在日朝鮮人の悲劇だった。美しく豊かで人間味あふれる故郷北朝鮮にどうぞ、という呼びかけは想像を絶する苛酷な地獄への一里塚だった。苛酷な条件の下にあえぐ貧しい生活が現実と自覚したとき、日本を離れたほぼ十万人の在日朝鮮人や日本人妻が経験した感覚はいかばかりであったろうか。だまされたと感じたか、裏切られたと突き放されたか。自分らの描く人生は存在せず、一方的に命令されるしかない強制労働主体の現実にいかに対応したのか。私たちは全く気づきもせず、放置した。なぜ朝鮮人というと悲劇性を貼り付けられる運命集団と感じてしまうのか、色々な角度から検証してみなければならない。

悲劇に隠されて当時見えなかった一面が筆者には良く見え始めている。日本政府が北朝鮮帰還業務に飛びついたわけが。かかり（費用）の多い彼らを日本から減らす利点を重視していたのではないだろうか。一方的な宣伝に乗り、在日朝鮮人を地獄に送り出したのが帰還業務の実体だったのではないか。実施したのは政府であり日本赤十字社である。つまるところ北朝鮮による大量拉致に公然と理由をつけ、法に基づいて許し、手を貸したのが日本だったのではないのか。筆者自身もお先棒を担ぎ、御用記者を務めてしまった記者の一人なのだ。恥づかしい姿だが、のたうっている。

幕末、朝鮮征討の議論つまり征韓論は日本における有力な政治思想だった。開国も不十分だった当時の日本では外国と貿易（交易）しても儲からず、損失を出していた。列強は日本にきわめて不利な外国為替を押し付け、金の交換比率についてはうまうまと日本人を騙しおうせていた感が深い。小判の価値を不当に低く評価され、日本の富は簡単に奪われていたとみてよい。交易上の損失をどう埋めるべきか、吉田松陰は朝鮮・満州で土地を獲得し、これによって損を補うが良いと論じた。

橋本佐内は山丹《サヌタヌ》・満州・朝鮮を併合しなければ日本の独立は難しい、いまこれを実現するのは困難だから日本はロシアと同盟すべきだと言う。

幕末、海軍創建に力をつくした海軍奉行勝海舟は西洋と対抗するためには日本がアジア諸国と連合し、力を合わせなければと考えた。勝の狙いはしかし、朝鮮政府との間で修交同盟を提議せよ、相手が受けなければ朝鮮を征服するのが良策だという点に置かれていた。つまり征韓論である。内の台所事情改善を外への進出で切り抜けようという幕府の危機管理は好戦的色彩を帯び、維新後中央集権を強化した木戸孝允《たかよし》も征韓の実行を振り撒いた。朝鮮を手に入れれば軍事面、政治面で日本を一流国に仕立てられる。言葉を変えれば帝国主義を手中に外へ出て行く策を彼らは推進しようとしていた。

排外鎖国政策を掲げた大院君治世のころ、朝鮮は日本の野望に気づく。さらに日本では士族が廃藩置県後方向性を失い、板垣退助、副島《そえじま》種臣らが西郷隆盛をかつぎ、新政府の有力者岩倉具視大使が外遊中に征韓論を主張した。岩倉は帰国後これらの動きに反対し、大久保利通と力を合わせ、国力培養と国内政治の整備に力をつくすべきときだとした。一旦遣韓大使に内定した西郷だったが実現せず、政府軍は熊本にこもった西郷軍を潰すことになる。西南の役で非征韓論側は鎮圧に成功するのだが、明治という時代は結局征韓論に凝縮し、韓国併合まで突き進むのであった。

第二章　閔妃弑逆と金九

日清戦争の本舞台は大韓

日韓両国それぞれに数奇な人生を歩んできた知識人崔書勉は幼名を崔重夏（チェ・ジュンハ）といった。まだ崔重夏が生まれる前の一九二〇年代前半、釜山港埠頭で働いていた労働者五千人がストライキを打ったことがある。韓国併合条約が公布された一九一〇年八月二十九日から十年を経ると、支配者日本と被支配者朝鮮人の色分け、責任の範囲、権限の幅が可視的に鮮明となっていた。日本の統治機関・朝鮮総督府総督は天皇に直属する親任官であり、その頃は斉藤實（二一・二六当事の内大臣）がトップだった。彼の下には政務総監、総督官房と五部といわれた総務、内務、度支《たくし》、農商工、司法があり、陸海軍統率権、政務統轄権、所属する中枢院、警務総監部、鉄道局、通信局、税関、裁判所、監獄、地方組織である各道への指揮監督権という広範な権利を一手に握り一般の警察事務を兼ねる憲兵警察制度を巧みに動かした。民族運動鎮圧の主役に当たったのがこの憲兵警察機構だった。地方を含めて一一一〇機関、職員七九七八人。うち朝鮮人は四六〇七人。

ソウルを昔は漢城と呼んだものだが、先祖代々当地に住んだ金九（キム・グ）は一八七六年七

月十一日の誕生日から十八回目を数えたとき、

「貧富貴賤の差別なく、誰にでも平等に応接している」という東学の道人に出会っている。若い学者だった。別世界に来たような思いで金九は反応した。

「道について教えを受けたいと思ってまいりました」

東学の由来と教理を教えてもらった彼は家に飛び帰り父親に入道の志を告げ許しを得た。

「悪を行わず、善を行うことがこの道の造化である」

そう信じた金九は東学党東学軍に入り込んだことになる。目標は「倭兵（ウエピョン＝日本兵）」と戦うだけのことだ。

新米に対して黄海道の首府海州城を落とし、倭奴（ウエノム＝日本人）を捕らえて殺せとの命令が下る。金九は馬に乗って与えられた一隊の先頭を切った。だが包囲軍は銃撃を受けてひるみ、三十キロほど離れたところに退いて在陣した。初めての小競り合いで負けを喫した金九は反省する。

「強くならなくては話にならない」と悟り、当面の使命とは良く訓練された軍隊の育成にあると思い定めた。目的に沿った適地と思われる九月山ににわか軍を移す準備をしていると、八キロほど離れた信川郡清渓洞の安進士（アン・ジンサ）から密使が訪ねてきた。文をよくし書を立派に書くことでソウルにまで名を知られたこの人物は反東学党の大立者で名を泰勲（テ・フン）と名乗った。金九は側近に命じて交渉に当たらせた。

「互いに攻撃を仕掛けず、他勢力によって一方が攻められたら、助け合う」

敵の指導者安進士との間にこのような合意を内容とした協定を結ぶ。敵将に私淑した金九。

なぜいま、このような隣国の歴史にいきなり触れるのか。これから書き進めようとしている崔書勉の人となりに近づくには彼が敬愛し、のめりこんだ金九という人物に光を当てる必要が欠かせないからだ。

日本でも新宗教東学の動乱に注目したものだが、外相陸奥宗光《むつむねみつ》は「たいしたことにはなるまい」と傍観姿勢をとっている。たしかに組織内部で反目しあうなどの要因から大きな政治勢力には発展せず、東学党は朝鮮半島南部で暴れまわる跳ね返り集団で終始する。だが、時の朝鮮政府には鎮圧能力が欠けていた。長い目で見れば日本や清国の介入を招く要因となり、朝鮮の独立が危殆《きたい》に瀕するという事態へと国を進めてしまう。内乱の中で金九の陣地も崩壊した。

東学党の金九が敗北し、嫌っていた敵の将軍の下に行けという目上の言を容れて、私淑したのが安進士だった。黄海道千峰山を越えた清渓洞の安邸宅を訪れる前、金九は潜伏地だった西海に突き出した夢金浦を脱け出し、基洞に住む両親を訪ねた。経過と身の振り方を報告し同意を得て安家に向かった。

礼儀正しく引見した安進士は金九に両親について質し、「基洞は危険だから直ちにこちらにお連れしよう」と武装兵三十名を派遣した。兵らは牛馬に家財を乗せ、両親と共に運んできた。

六人兄弟中三番目の安進士について金九は次のように描写している。

「眼に精気があり、人を圧倒する力があり、気性が磊落《らいらく》で、朝廷の大官でさえも彼と対面するとおのずから畏敬の念を抱くのであった。私たちが見たところでは、彼はまったくものにこだわらず、学識のない身分の低い者に対しても少しも傲慢なそぶりを見せず親切丁寧で、身分の高い者も低い者も彼に好感を抱いていた。容貌ははなはだ清く秀でていたが、酒がすぎて鼻の赤いのが玉に瑕《きず》だった。彼は律詩をよくし、当時彼の詩が多く伝誦されていたぐらいだが、わたしにも、彼は得意の作を興深く吟じてくれたことがあった」

そのころ長男の安重根（アン・ジュングン）はちょんまげを結い、頭を紫の布できっちりしばり、トムパン銃という短銃をかついで毎日狩猟に過ごし、英気ぼつぼつとしていた。清渓洞兵士の中でも射撃術は抜群で、獣でも鳥でも狙った獲物は逃したことがなかったという。

この時金九は十九歳、安重根は十三歳だった。

李王朝の高宗（コジョン）はまだ若年。生父興宣君が大院君《テウォンクン》の称号を得て実効支配しており、邪教・邪説の東学を退けて「正学」である朱子学を掲げ、「衛正斥邪《えいせいせきじゃ》」のスローガンで東学党押しつぶしに成功した。キリスト教も邪宗の一つとみなされて迫害を受けていく。

大院君の高圧的な政治手法は高宗王妃閔（ミン）氏政権の誕生を生む。王妃の政治中枢登場はしかし対日関係をむしろ悪化させてしまう。明治維新を通告した日本新政府は外交文書で関係諸国に通知したのだが、その書法に飽き足らず文句をつけて受け取らなかったのが大院君だった。

その後遺症から日本との交渉をうまく運べないという下地を崩せない政府だった。韓日関係は行き詰まりを見せていく。

たまたま、対朝鮮圧力を強めて朝鮮に接近した大日本帝国の軍艦雲揚号に向かって草芝鎮砲台から砲撃を受けるという江華島《こうかとう》事件が起きた。一八七五（明治八）年九月二十日のことだ。日本にとっては朝鮮に手をつける恰好の事件発生である。日本政府は軍艦船八艦に全権黒田清隆、副全権井上馨を乗せ、江華島に乗り込んで閔妃の政権と交渉した。まさにうまうまと日朝修好条規が七六年二月二十七日調印された。中身は朝鮮にとんでもなく不利な不平等条約であった。

皇后を弑逆

閔氏（ミン・ビ）政権は米国と修好条約を結んで米国に門戸を開放すると、引き続いて英国、ドイツ、イタリア、フランス、オーストリアと修好条約を結び、大きく開化政策にカジを切ってしまう。短兵急な開国を嫌った大院君と閔妃が互いに蹴落としあいをやってのけ、その余波を蒙って日本も花房義質公使らが襲撃され死亡者を出した。清国も北洋艦隊を仁川に繰り出すなど騒乱に便乗したテコ入れを図り、朝鮮政権内部深く食い込んでいった。

王妃はドイツからメレンドルフを雇い入れて総税務司（税務長官）に就けたほか、清国の実力者李鴻章《リホンジャン》推薦の馬建常《マチエンチャン》を外交顧問として迎えた。東学の乱を自力で抑えられないと見切りをつけた閔妃は袁世凱《ユアンシーカイ》に出兵を求めてしまう。こうして二千人の清軍が忠清道牙山県に上陸した。これを危険視した日本政府は直ちに朝鮮出兵を決め、大鳥圭介公使に海軍陸戦隊など混成一個旅団を与えて漢城に入場せしめた。

時の外務卿は井上馨である。東学党の乱で首都に入り込んだ農民兵を撤兵させると、朝鮮政府は日清両軍の即時・同時撤退を求めた。日本は両国が共同して反乱を鎮圧しようと清国に提案した。清国がこれを拒否したことから日本政府は本格介入の道を突き進んだ。

このころ朝鮮は日本にとって死活的な市場を形成していた。特に日本の主産品だった生糸《きいと》の販売市場として朝鮮は日本に外貨をもたらす唯一の優良市場であった。当時の日本に工業品製造の能力はほとんどない。貿易収支の均衡をもたらす産物は繭《まゆ》から作る生糸しかない、といっても過言ではなかった。交通手段、石油、精密機械、武器弾薬にいたるまでほとんどを輸入でまかなうしかなかった日本が外貨を調達するには生糸の安定供給がぜひとも必要だった。朝鮮市場の確保は日本にとってどうしてもやり遂げなければならない仕事だった。それが清国の朝鮮介入とロシアの南下政策によって脅威を受けた形だから、日本は決意するしかなかった。ついに一八九四(明治二七)年七月、朝鮮を舞台にして清国に砲火を開いた。日清戦争の開始である。日本軍は朝鮮を北上し、満州に抜けていった。

予備役陸軍中将で観樹将軍といわれた三浦梧楼は日清戦争後の九五年九月日本公使として韓城に着任した。ロシアは露骨なまでに閔氏政権に近接していた。閔妃を通じてロシアが朝鮮中枢に居座る風景は日本にとって悪夢そのものである。東京で三浦の背後に鎮座した井上馨は巧みに隠れてはいたものの、三浦公使は井上の忠実な駒となって動く傀儡《かいらい》に過ぎない。ひそかに呼吸を合わせて三浦は国母陛下閔妃の暗殺実行を計画した。十月七日夜から未明にかけて大陸浪人を含む日本軍守備隊を動員、景福宮に押し入り王后を殺し、死体を凌辱した。事態はアメリカ人軍事教官とロシア人技師に目撃され、国際事件に発展した。日本政府はいったん関係者を広島で裁判にかけたが九六年一月には証拠不十分で全員を釈放した。後に謁見の間に伺候した観樹将軍に明治天皇はどのような態度で迎えたか。

閔妃弑逆《しぎゃく》事件は明治政府つまり日本国家が犯した国際的犯罪だった。骨の髄まで恨みを覚えたのが金九だった。

「国母が倭賊の手にかかって殺されたのは、国民全体の恥辱であり、がまんできない」

こんなビラ（檄文）を鴨緑江近くの中国国境に近い地方都市江界で拾い読みした金九はちょうど中国漫遊の旅に出ていた。安進士宅の客間で会った儒者高山林（コ・サルリム）から「聖賢を目標として聖賢の跡を踏むようにせよ」という言葉を貰い、「義にもとるな」と教えられた末の旅立ちだった。高はさらに「いま倭《ウエ》の勢力が全国に充満し、宮中にまで侵入して大臣でさえやつらの思うままに任免されるようになっている。これでは、わが国は第二の倭国でなくてなんであろうか。古来滅びたことのない国はなく、天下に死なない者はなかろう。いまわれらには、一死報国のひとことがのこるのみだ」と言った。

「亡びゆくわが国を、亡びないようにする道はないのですか」そう問いかけた金九に高は、

「清国と結ぶのが良い」と答えた。

「清国は甲午の年（一八九四）の戦いに敗れた仇をかならず討とうとするだろうから、わが民族中の相当の人物がかの国へ行き、その国政を調査したり、かの国の人物と交誼を結んだりしておいて、後日機会が来れば互いに呼応しあう準備をしておくことが必要なのだ」

理由を述べると、若年のせいでおどおどする金九を叱り、

「だれでも、おのれが正しいと信じることを、たとえたった一人ででも実行することが必要なのだ」と追い出さんばかりだった。

日本軍人を殺害

朝鮮を舞台にした親日派と親露派の政治抗争が葛藤を深める中で、民族主義者らがあからさまに反抗した日本の政策が「断髪令」だった。「首は切られても頭は切らさぬ」という表現にこめられた思いを突き詰めていけば、「倭奴《ウエノム》に支配されるか」と、弁髪を誇示して朝鮮人であることを主張した覇気に行きあたる。金九はそのような一人だった。

一八九六（明治二九）年二月下旬金九は竜岡を経て黄海道安岳に出向く途中、大同江下流域で氷結のため船が動けなくなった。氷山によじ登って水路を開くなど力量を発揮して何とか脱け出し、河岸に上陸して船宿に入った。同じ部屋に一人断髪して上手な朝鮮語を話す男に出会った。よく観察すると白い周衣《とうるまき》の下に軍刀の鞘が見えた。間違いなく日本人だった。若い従者が面倒を見て

いる。

変装しているのは王妃閔氏を殺した三浦梧楼の一味に違いない。あいつを殺してすこしでも国の恥をそそごうと、金九は思い定めた。早朝の食事時だった。広い食堂で支払いを済ませようと入り口に立った二人に走りよりざま、胸を蹴り上げ、倒れた倭奴を足で踏みつけた。身をよじって抜刀し切りかかってきた日本人の右手首をさらに踏みつける。音立てて凍った地面に落ちた刀を拾い、金九は頭から足先まで切り下げた。雪模様の道一面に血流が散った。

所持品を調べたところ、殺した相手の素性が判明した。陸軍中尉土田譲亮だった。茫然とする船客に金九は「倭奴はたんにわが国と国民の仇であるばかりでなく、水の中の魚たちにとっても仇なのだから、この倭の死体を河に沈めて魚たちに国の仇《あだ》の肉を食わせるようにせよ」といいつけた。

まだ若かったそのころの名を金昌洙（キム・チャンス）といった金九は自宅に落ち着き父母に日本軍人殺しを告げた。しばらくして朝鮮官憲が押しかけ自宅で逮捕、海州の監獄を経て仁川に移送された。母はどこまでも追従し、息子の運命を見究めることを務めとし、強盗の部屋にぶちこまれた息子に食事を差し入れた。監獄で警務官の取調べが始まった。渡辺という日本人警官もいた。金九はこう叫ぶ。

「万国公法のどの条文に、通商・和親の条約を結んでおいてその国の王さまや王妃さまを殺せと書いてあるか。この犬のような倭奴め。おまえらは、どうして畏れ多くもわが国母陛下を殺害したのだ。わたしは生きている限りはこの身をもって、また死んだなら鬼神となって、誓って、おまえらの王さまを殺し、おまえらの倭奴たちを種も残さず根絶やしにして、わが国の恥辱をそそがねばやまないものだ」

朝鮮人警務官らはことの重大性に感ずき、上位の監理営監（長官）直接の審問が適当と判断した。監理使がくると、尋問が始まる直前に金九は口火を切った。

「わたしは郷村の一介の草莽《そうもう》にすぎないが、国母陛下が倭敵《ウエジュク》の手にかかっておかくれになるという国家の恥辱をこうむっては、青天白日の下に映るおのれの影法師が恥ずかしく、せめて倭仇《ウエグ》の一人たりとも殺したものだが、いまだわが国の人にして、倭王を殺して国母陛下の仇を討つという話を聞いたことがない。それなのに、いま、あなたがたの服装を見ると、〝蒙白《モンベク》〟＝国葬のための白笠をかぶり素服を着ること＝している。春秋の大義に、君父の仇を討てないうちは蒙白しない、という一句があることをお忘れか。いたずらに栄誉と寵禄を盗もうという汚い心で、それでも王さまにお仕えしているといえるのですか」

獄中やがて忠義の人と呼ばれるようになった金九は母が差し入れた『大学』などの書物に惹かれ、むさぼるように学問吸収と新知識涵養に精を出した。囚人たちに文字を教えるようにもなった。訪問者の数はうなぎのぼりだった。歯切れの良い日本批判を耳にし、彼らは胸のすく思いをかみしめて帰るのだった。

死刑執行は免れた。大君主の命令によって執行停止となったのだ。反面、生命は救われたものの放免・釈放の沙汰は出なかった。日本が介入したものと気づいた金九は獄中の自然死を避けるには脱獄しかないと決意した。一八九八（明治三二）年三月九日決行し、放浪と逃走の日々が始まった。重罪人のレッテルは消えないまま苦労して政治活動にも従事するうち日本が「韓国保護権確立の件」を閣議決定した。一九〇五（明治三八）年四月八日のことである。大韓ではこれを乙巳《ウルチ》新条約と呼び、日本の保護国となることを受け入れた。

日本の朝鮮支配は五年後の朝鮮併合によってあらゆる面で強化されていく。憲兵警察制度を全朝鮮に敷いた朝鮮総督府は目を皿にして金九狩りにいそしんだ。

崔重夏の幼年期

日本海（東海）に沿ってのっぺりと長い浜辺をもつ江原道。朝鮮の尺度を用いるならば三十八度線を隔てた朝鮮人民民主主義共和国（北朝鮮）の同じ沿岸北部も江原道だ。韓族が等しく愛着と霊感を覚えるという金剛山（一六三八m）は国境近くの北側にそびえ、花崗岩の奇岩絶壁は韓国民にも開放されている。

朝鮮半島と中国との関係を考えると、特に北朝鮮にとって象徴的な白頭山が不可思議な意味と地形をはらみ、一つの山岳でありながら頂上からなだらかな斜面を広げる長白山と呼ぶ中国側、峨々《がが》とした峻烈な岩山を特徴とする朝鮮側とに分かれ、両民族もまた異なる見解と感慨を抱いている。金剛山が朝鮮・漢民族にまたがる信仰の山であるならば、白頭山は分水嶺を一本の直線で割り、五分の三を朝鮮、五分の二を中国の領土としている。頂上付近にある天池《チョンキ》という池も科学的にきちんと分かれて五分の二が中国領だ。中国側に住む人々は満州族。つまり清国の王朝が誕生した聖山とみなす。

天然自然に自生する高麗人参の産出地として名高く、中国側吉林省の省立農業大学校では長白山の土壌を研究室に集め高麗人参の人工殖産研究を進めている。朝鮮人にとっては南北の差もなく信仰上朝鮮そのものの聖山である。

韓国についてその他山岳関係の様相を見てみよう。浪林山脈よりも高くはないが、江原道海岸沿いに雪岳山（一七〇八m）、五台山（一五六三m）、太白山（一五六一m）など名山を連ねて太白山脈が主要な分水嶺となっている。河流は短く、急流となって東海（日本海）に注ぐ。一方、黄海を目指す河川は長くゆるやかで、中流から下流域にかけて単調な丘陵や波状の準平原が広がる。洛東江（五二五km）、首都ソウルを貫流する漢江（五一四km）の類だ。五台山から斜めに半島を横切る車嶺山脈東南一帯の農耕地に原州という都市がある。

「私が生まれたのは江原道原州《ウォンジュ》。母が懐妊したところが洪川というところだった。山の中の村落でね、人口百人あまりだったときいている」

崔書勉氏が生まれを語るとき祖父崔久景（チェ・グギョン）、父崔義浩（チェ・ウィホ）そして母崔海晟（チェ・ヘソン）が登場する。まるまると肥え、大きな眼をした一粒種に両親は崔重夏という名を付けた。本人は決して生年月日を明かさないのだが、現代日中問題研究会の講演会記録を

第十二回研究懇親会に見ると、一九二六（韓国人物百科によれば一九二八）年四月四日生まれとなっており、一つの鍵といえる。韓国には「崔が歩けば草木もなびく、という諺がある」と、知人から聞いたことがある。崔家の運勢はことのほか強いという意味で知人が漏らした感想なのだが、実母が自分を懐妊した土地を述べるのも珍しい。

『魏志韓伝《ウィチハンチョン》』によると韓族は西暦紀元前後、新羅による朝鮮統一前から農耕にいそしみ、家々に民間の諸伝承が色濃く蓄積されていたようだ。家という単位が人間同士のつきあい上すべての価値を裏づける風習は韓国で著しい。そういった価値観が芽生えた時期である。こうした思いは今日にも絶えず、血縁靭帯を大切に考える韓国社会の底辺に、儒教的道徳が息づいている。

「父親が病弱で若くして亡くなった。母は原州を見限り、土地屋敷を処分して京城（いまのソウル）に移った。ところが私はソウルがいやでいやでしようがなかった。小学校に通学を始めていたんだが、飛び出して、原州に戻った。帰ったのはいい、でもね、堂々と住めるわが家はもうないんだよ。そこで伯母を訪ねた。頼み込んで住まわせてもらった。ちょっと年上だったけれども崔圭夏（チェ・ギュハ）という男の子がいてね。そう、従兄に当たる。共に育ったわけだ。彼は後に大韓民国大統領になった」

江原道に点在する長省、道渓、三陟、江陵は鉄と良質な無煙炭を産し、韓国生産量の八、九割を占める。寧越のセメント工業は五〇パーセント以上の生産を誇り、単に農業にしがみつくだけの土地柄ではない。児童に過ぎない崔重夏はのどかな田園と遠くのぞめる工場群を眺めて育っていく。育ての親となった伯母を心の底から愛し、なつく彼は田舎の空気に満足した。雑踏だけが活気を表わす京城に背を向けたのは母の気持ちに反する姿だったが、そこには日本の朝鮮総督府が置かれており、気分の悪さに拍車をかけるだけの町だった。日本という異国に併合され、日本の官僚機構に直接支配される違和感は幼い心をもむしばんでいたと言えるだろう。

崔重夏の姉は原州で頭角を現した子女であり、首都でも著名な女子校への進学がきまったとき、母親は田舎暮らしに見切りをつけ、ソウルに居を移したのだった。一家を挙げて首都に落ち着き少年もまた裕福な子弟を教育する小学校に編入した。毎日母が用意した弁当箱をカバンにつめて通学していたある日、昼食時間に開いた弁当を覗き込んだ級友が大きな声で質問した。

「なんの肉を食べているんだ」

「豚肉だよ」

崔少年は次に飛び出してきた級友の言葉にたじろぐ。

「だからおまえはブタなんだよ。下等な肉を食いやがって、オレたちと肩を並べるとは」

いたく傷ついた崔少年は一種のいじめに遭ったようなものだった。心底この学校に通うのがイヤになってしまう。田舎に戻りたい。熱情がこみあげてきた。ふと少年は叔父の一人が別れ際に残した言葉を思い出す。叔父はバス運行会社の社長でこう言ったのだ。

「いつでも困ったら私のことを思い出すといい。助けになるからな」

ほどなく、帰宅途中の崔少年は叔父のバス会社を訪ね当ててしまう。

「教えてください。ここから江原道原州に行く便はあるでしょうか」

「ああ、あるよ、だが、誰が乗るつもりなのかい」

不審げに小学校児童を見つめた係りの大人に崔少年は身元保証人になってくれるかなと自問しつつ、質問した。

「〇〇〇は私の叔父です。いま出るバスがあれば乗せてください」

「社長の甥御さんか。これは失礼した。お金は要らないよ、〇〇時に出る便があるからそれに乗りなさい」

天から言葉が降ってきたかのように少年はありがたく思った。家に帰らず、誰にも連絡せず、崔少年は四時間余をかけて首都を逃れ、原州にたどり着く。伯母の家に厄介になるまで少年にはこのような岐路を踏むいきさつがあったのだった。探しあぐねた母親は最後に原州の親戚に当たってみる。

「重夏なら預かっているよ。小学校を終えるまでは当地にいた方が彼のためにも良いと思う。心配しなくていい、まかせておきなさい」

ある学年のとき、偉い人物による授業参観が行われた。皇民化政策を推進してきた総督府の教育方針も日本語を使う授業の展開であり、生徒らは日本語の学習にいそしんでいた。

担任の先生が質問した。

「日本語でよい天気のことをなんといいますか」

青い空、上天気などと答えが出てくる中で崔重夏は勢い良く立ち上がり、「ニッポン晴れ」と言い放つ。

どよめきが起こり、参観の偉い人が満足感を体中に表した。校長も大変喜んだ。幼い生徒から日本晴れという表現を聞けるとは誰しも予想していなかったのだ。このころから崔少年は語学、ことに日本語とハングルの学習に高い才能を示し始め、日本人も驚く教養を身につけていく。植民地政策の下でも崔少年は将来自分の身を助けることになる語学という武器の利点に気づいていたといえる。まじめな学習がどれほど役立ち日韓両国にとって幸福な出来事となったか、本人はおろか、誰も知覚していなかった。

再び京城に戻って母姉と合流した崔重夏は中等教育に進みおおいに勉強した。

中等学校を卒業すると、崔重夏は延禧専門学校文科の学生となった。多感な青年期に入った崔が暮らした生活は、一九二九（昭和四）年十月に始まった世界恐慌以来下げ止まらない米価あるいは繭相場の下落を受けて深刻化した農家経済をまともに受けてていた。農民の没落と離村が激しく、自作農の数は一九二八年比一六・三パーセントに過ぎない。小作農は各地で争議を巻き起こした。赤色労農組合の運動が総督府警察機関の弾圧を招き、一九三七（昭和一二）年に制圧されるまで第七回コミンテルン大会の方針であった植民地における民族統一戦線の戦術を強化して日々をしのいだ。

三一年九月には満州事変が起こり、翌年三月、日本は中国東北部に傀儡国家満州を建設した。

こうした世相を生き抜いていくうえで、自己のとりでを固めるよすがとして、崔青年はその模範を中国を舞台に民族独立運動を展開して上海臨時政府を樹立した金九らの活動に求めた。もう一人海外で活躍した人物をあえて探せば、満州で共産主義運動を展開した金日成（キム・イルソン）を挙げることができる。このような時世にあって崔は京城師範大学に入学する。しかし教育内容があまりに日本式でこりかたまっていたため途中退学し、民族的教育の殿堂とされた延世大学校文科大学に進んだ。選択した道は政治外交学科である。

国体明徴を掲げて皇民化運動を深め、社会主義運動と民族運動を弾圧した朝鮮総督府に対し一九三七年六月、金日成が率いた第一路軍第六師は甲山郡普天堡を攻め、駐在所と面（村）役場を襲撃する。白頭山山麓に根拠地を置き、東北抗日連軍の名のもとにゲリラ戦を展開したのだった。怒りにまかせた関東軍と満州国軍の熾烈な大規模動員によって抗日軍主力の兵力は四〇年初めには激減し、金日成の残存軍はソ連領沿海州に避難した。

中国華北の延安は朝鮮青年連合会と朝鮮義勇軍を生み出した都市だった。朝鮮義勇軍は中国共産党の八路軍と共同して日本軍と戦った。この会が四二年に改編されて朝鮮独立同盟（主席金科奉）となった母体である。一方朝鮮国内では一九一九（大正八）年三月一日、大規模な独立運動が発生、三・一運動として独立運動家の多くが上海に集結していった。

翌四月、彼等はフランス租界において大韓民国臨時政府を樹立、、別してシベリア、ソウルで組織化された臨時政府を統合して、その秋には李承晩（イ・スンマン）を大統領に、李東輝（イ・ドンフィ）を国務総理に選出した。警務部長を務めたのが金九だった。上海を目指した革命家の中に韓国人として初めてロンドンに留学し聖公会牧師の資格を得た張学仙（チャン・ハクソン）がいた。朝鮮耶蘇教長老会神学校を卒業した潤国（ユングク）牧師も臨時政府で働いた仲間である。二人とも英語と漢字に秀でたインテリだった。

徳彦面《トゴンミョン》の徳興教会など三つの教会で牧師を務めるかたわら、崔南善（チェ・ナムソン）らと三・一独立宣言文を起案したのがこの人たちだった。この独立宣言文に署名したキリスト教代表は十六人を数え、太極旗を振って「万歳《マンセイ》」を叫ぶ運動から別名バンザイ運動と呼ばれた三・一闘争を指導した。彼ら二人、さらに文建国（ムン・ゴングク）牧師らは家族たちからは恨みを買った経歴の持ち主でもあった。家族に断りなく財産を金にして臨時政府に献金したからだった。日本の官憲は逮捕した運動家を竹やりで刺すという拷問を両足や横腹に加えたそうである。

張学仙は張貞子ら十人の子供たちの父親である。十人の子らはおもにロンドン留学中に成長するが、貞子はまさに一九一九年三月一日の誕生、つまり抗日運動のさきがけとなった三・一運動当日ロンドンから帰国した直後この世に生を享けた。

「当時私の父ほど立派に英語を話す人はいなかった。父は金九について重慶にも行き、外務大臣を補佐したのです。何時も外国に出かけていたそうです。長兄賢一、二男賢治、三男賢龍、四男賢修、五男賢学でしょう、それに長女信子、次女敬子、三女が私で夫は孫文の秘書でした。だから日本に来ても相当大切に扱っていただいたのよ。四女淑子、五女美子です。私は若い頃上海銀行に勤めました。でも父は上海で日本の憲兵に殺されました。張勉博士はいとこです」

後で再度触れるかもしれない。張貞子は最終的に東京・銀座に朝鮮料理店を開店し、日韓両国の著名な政治家から「かあさん、オモニ」と呼ばれた女傑である。

世界恐慌で没落した農民らとともに日本に渡った賢一は明治大学を卒業して日本で朝鮮独立運動に従った。父張学仙が殺されたと聞いたとき、「死しても国のために死んだのであれば、福ともなる」と自分に言い聞かせ、「いま目の前にあるのは暗黒だが、必ず光明の朝が来る」と父親の冥福を祈ったという。

朝鮮の皇民化

西欧など列強の保証を得て独立を図る立場の李承晩と、武闘によって統一を実現しようとする李東輝の路線対立が表面化し、上海臨時政府も一九二三年には内紛状態と化してしまう。また日本支配下の民族派はハングル普及運動を通じて朝鮮民族結集の音頭を東亜日報紙上で進めるなどこまめな工作を続けた。ベルリン夏季五輪大会のマラソンで優勝した孫基禎（ソン・ギジョン）選手の胸から日の丸を削除した写真を掲載（日章旗抹消事件）した東亜日報に対し南次郎朝鮮総督は無期停刊を命じている。

しかも南は盧溝橋事件が起きた一九三七（昭和一二）年七月を横目に見て「内鮮一体」を唱え、

宗主国大日本帝国天皇に絶対服従する「皇国臣民」へと朝鮮人を仕立てる戦争動員体制を推し進めた。ソウルの南山に朝鮮神宮（祭神は天照大神と明治天皇）を建立したほか、一つの町に一社を建てる方針を決め、児童に「私どもは心を合わせて、天皇陛下に忠義を尽します」と宣誓させた。

このような経過を踏みつつ、民族派は母国を脱出して上海に逃れ、彼らの理想実現を目指した大韓民国臨時政府は四〇年に重慶に本拠を移し、白凡金九を主席に活動を継続したのだった。雲南李承晩は重慶に行っていない。蒋介石《チアンチエシー》国民党主席の支援を得て結成された臨時政府の韓国光復軍はビルマ戦線で皇軍と戦火を交えた。こうしてみると、韓国と中国との間に横たわる深い絆の存在に気づく。

一九三一年上海に渡って金九の組織した抗日武装組織韓人愛国党に参加したのが尹奉吉（ユン・ボンギル）だった。所在地をようよう探り当てて金九に会えたのが一九三二年五月だった。

「自分がなぜ上海に来たか申します。なにか大きなことをしたかったからです。野菜を担いで虹口方面を歩き回ったのですが、目的は何かの機会を待つためでした。もはや中日間の戦争も終わってしまい、どこを見回してもなかなか死に場所が見つかりません」

放浪の野人はこのような心境を金九に明かした。

「倭奴《ウエノム》たちは今度の上海の戦に勝ったのですこぶる意気が高い。来る四月二十九日虹口公園で天長節祝賀式を盛大にやるそうだ。そのときにひとつ、大目的を果たすようにしてみてはどうだろう」

このような示唆を受けて尹は奮い立つ。東京で苦労をともにした姜允（カン・ユン）が爆弾つくりの名手である。姜は尹のために爆弾二十個を製造した。これを水筒と弁当箱に詰めて公園に現れたとき、尹は名古屋であつらえたパリッとした洋服を着込んでいた。壇上で天長節祝賀が進行しているときを見計らい、尹は爆弾をことごとく投げた。爆弾は壇上で爆発し、白川義則陸軍大将、重光葵公使、野村吉三郎海軍中将ら文武百官多数が死傷した。現在義士尹奉吉といわれるテロリストを教唆したのは金九だった。

「あるとき、金九先生が健康を害されて、ソウル市元暁路の聖心女子高等学校敷地内にある聖母病院に入院なさったことがある。カトリック信者専用の静かな病院でしたが、病室へ私をお呼びになり、光復（解放＝一九四五年八月十五日）後の朝鮮について連合国が信託統治とする決定を下した背景について説明してくださった。既に老成した観が深い金九先生が若かった私に語った内容と意義とは、ご自身の政治哲学を若者世代に残して下さろうとすることであった」

「当時中国から帰国した金九先生にこの国の統治を任せることができないこの民族は、なんと悲しい民族であろう。そう思ったことが、私の学生運動の出発点となった」

日本の旧植民地朝鮮についてアメリカは国連による信託統治を模索し始めるのだが、当時延世大学学生だった崔書勉は猛反発し、「大韓学生連盟」を組織する。

米軍政支配と分裂朝鮮

日本が第二次世界大戦を戦っていた一九四三（昭和一八）年、在米の学者と英国人らは将来戦争が終わったならば朝鮮を信託統治しようという事前論議を深めていた。どのような意味においても独裁政治を排撃し、自由を政治目標に掲げた白凡金九は自主独立こそ第一事の念願とし、上海臨時政府樹立に参加、重慶では主席として力を尽くした。国民党の蒋介石が共産党に追われて重慶に落ちのびるとこれに同行する形で重慶臨時政府と名称を変えつつも最高指導者の地位を確保した。経済的にも蒋介石総統の補助を受けながら戦争末期、相次ぐ絨緞空爆の結果国務院を四度も変えつつ踏ん張り、日本のポツダム宣言受諾を知った四五年八月十日、韓国解放を確信し、同月十五日の大日本帝国降伏を期に十一月五日、一三年ぶりに上海に。十余日をすごしたあと二七年ぶりに汝矣島に戻っている。これに先立つ九月十一日米国はアーノルド少将を軍政長官に任命し、とりあえず、日本から離れた朝鮮を米軍政の支配下に置く準備とした。

重慶滞在中、金九はカイロ会談直前、蒋介石に招かれ、「カイロに行けば朝鮮問題が出る。そのとき米英両国を相手にどんな答えをするのがいいか」と質問を受けた。崔書勉が聖母病室で聞いたさわりの部分は金九のこの短い発言にこめられている。

「私が望むことは朝鮮が即刻自主独立することで、妥協することではない。万一蒋総統が信託統治を支持されるならば、私はどこへ亡命したらいいのでしょうか」

蒋介石はカイロ会談で「朝鮮を適当な時期に独立させる」と提案し、受け入れられた。

金九の帰国は南朝鮮を覆っていた左右対立の真っ只中だった。モスクワ三国外相会議がカイロ会議でまとまっていた「戦後の朝鮮は適当な時期に独立」という方針を覆して朝鮮信託統治案を打ち出すと、金九は反対運動の先頭に立つ。反共を掲げる右翼の権化などといわれた金九だったが、彼はあくまでも統一朝鮮による独立を優先課題とした。南朝鮮に限定して政権樹立を目指す李承晩とは離反を明確にしていくのである。そういった金九の歩みが青年崔とダブり、やがてこの青年の政治行動がのちのち李承晩にとっても小うるさい存在になっていく。

崔重夏は上海から帰国した臨時政府出身者らが日本降伏後各地に創った韓独党傘下の「大学学生連盟」（大韓学連）で頭角をあらわし、委員長に選ばれた。当時日本の敗北によって日本による朝鮮支配が終わりを告げると、刑務所につながれていた思想犯、政治犯らが釈放され、海外に難を逃れていた政客や革命家は続々と帰国を果たした。彼らも混在して都市や農村に多くの政治団体が生まれた。どのような独立国家を建設するべきか、議論百出した。どこの勢力も勝手な論を展開するものだから新たな国家の性格をどうするか、いささかもまとまらない。そうこうするうちにソ連軍は朝鮮北部に進駐を強行し、抗日派の金日成将軍をおおっぴらに支持して第二次世界大戦後、朝鮮半島を二分する北部地域に絶対的な地歩を固めた。

ヨーロッパでは自由圏に残った西ドイツと共産圏に組み込まれた東ドイツに二分され、東の支配地におかれた四カ国分割統治首都ベルリン西側に大規模な空輸作戦が展開されていた。朝鮮は日本の殖民地だっただけに戦後とはいえ東京に君臨する連合国軍総司令官マッカーサー元帥の影響下にある。

光復（解放）後の朝鮮

朝鮮半島で第二次世界大戦終結を知ったのは朝鮮総督府が短波放送に飛び込んだ最大ニュース「日本がポツダム宣言を受諾」の一報を受信した時点だった。八月十六日、米ソ両国は北緯三十八度線を占領分担の境界線とすると宣言した。朝鮮半島全島のソ連支配を食い止めるため、三十八度線以北に限定するぎりぎりの必要が米国に生じたためである。

ソ連に遅れることほぼ三週間、四五年九月六日在東京の連合国軍（実体は米軍）が南朝鮮に進駐し、同月十二日阿部信行朝鮮総督を解任、米国は同二十日「アメリカ軍政庁」を置いた。解放後の朝鮮は南北に二分されただけではない。南朝鮮は大戦終結前に取り沙汰された「朝鮮を独立させる」「朝鮮を信託統治下におく」の二案が宙に浮き、米国統治に組み込まれたのだった。朝鮮民族統一の夢は、米国に長らく亡命し白人を妻とした李承晩の本格的帰国と、中国から帰国、北朝鮮を含めての民族独立を政治目標とした金九の二人にゆだねられた。崔重夏は金九を支持するだけではなく、人生の先達として金九にその全てを捧げる決意を明らかにしていく。

ハングル普及を表向きに民族運動を深めていた呂運亨（ヨ・ウニョン）を委員長とする「朝鮮建国準備委員会」が結成されたのは光復節当日であり、呂は独立を見越して朝鮮中央日報社長を務めるなど地下運動の主人公と目された。副委員長になった安在鴻（アン・ジェホン）は朝鮮日報主筆をこなした民族主義者だった。彼らは米国の思惑とは無関係に運動を進め、九月六日同委員会の呼びかけで開催した全国人民代表者会議で「朝鮮人民共和国」の樹立を宣言している。主席に挙げられたのが李承晩、副主席呂運亨、内部部長金九だったが、李、金両氏とも帰国後この閣僚人選を拒否してしまう。

有力諸外国の承認を受けられず、人民共和国死守を叫んだ彼らの運動は「米軍政庁は南朝鮮における唯一の政治代表府である」とした米国の圧力で他愛なく消え去った。この動きを見ていたソ連は十一月十九日、「北朝鮮五道行政局」を置き、北朝鮮を統一的に管理する体制を整えてしまう。

米ソ二大国とも日本帝国主義三六年間の支配を脱け出した朝鮮について、直ちに国家樹立を許さなかったことになる。カイロ宣言で「いずれは独立させる」とし、四五年十二月のモスクワにおける米英ソ三国外相会議で信託統治案が具体化したのは、朝鮮独立の前提としてさらに中国を加えた四カ国が五年を期限とした信託統治を実施する内意表明であった。

信託統治案が明らかになると在中国の臨時政府主席金九あるいは韓国民主党を指導した金性洙（キム・ソンス）ら保守派は「反託運動」にとりかかった。その結果であろう、呂運亨は四六年七月暗殺された。

さてこうして始まったアメリカ軍政下の南朝鮮は敗戦直後の日本と同じく極度のインフレと食糧難にあえいだ。アメリカの援助なしに食べていくすべはなかった。その一方で南の人口は膨れあがっていった。北朝鮮から社会主義政策を避けて流入する同民族、または海外から帰国した人々が民主主義の新天地を求めてきたからだ。米軍政庁は南で結成された朝鮮労働党を共産党だとして弾圧。これに対して朝鮮労働組合全国評議会が四六年秋に打った総ストライキは二度にわたり、米軍政を崩して朝鮮人の政治参加を認めさせる端緒を構築していく。米軍政はまた勢力扶植に成功した金日成に、北を民主主義の根拠地となし、南を米国支配から解放するとの論点を与えてしまう。こうなると南で弾圧を受けた運動家は北に逃れ、北こそ朝鮮における「桃源郷」という空想をまきちらす元凶に化けるだけであった。

鉄のカーテンはアジアに飛び火し、朝鮮半島を巡る米ソ共同委員会もまた国連の場にその討議を移していった。ソ連が拒否権を発動しながら抵抗する中で、米国主導型の政策を推進する形で朝鮮半島への共産主義浸透を阻止する動きが顕著になっていった。こうなると、南朝鮮の単独政府樹立と反共主義を標榜する李承晩を米国も支持するほかなくなる。

アジアへの共産主義進出を食い止めるためという号令は、いつのまにかアメリカに信託統治からの転換をうながした。第二回国連総会は一九四七（昭和二二）年九月、国連監視下による南北朝鮮の総選挙実施を提案し、十一月可決をみた。国連は現実主義者の面目躍如とばかりに南だけの単独選挙による政府樹立を押し通す。米軍政庁が南朝鮮総選挙法を公布したのは四八年三月だった。

「私は金九の指導する韓国独立党が正しいと信じた。李承晩も信託統治には反対だったが、南だけの単独政府樹立を目指しており、金九が主張する南北政治指導者の対話には一顧も与えなかった。金九の呼びかけには金日成が金科奉（キム・ドゥボン）と名を連ねてすぐ応じ、平壌で集まろうと言ってきたんだね。これに対して米国と李承晩は北朝鮮の策略だとみなして反対だった」と崔は言う。結局、米国主導の総選挙が国連臨時朝鮮委員団の下で実施され、四八年五月十日、一九八人の国会議員が誕生した。新議員は憲法制定議会で憲法を可決、初代大統領に李承晩を選ぶ。同年八月十五日大韓民国が誕生した。政治的反対者だった金九は四九年六月暗殺された。

第三章　崔書勉に死刑求刑

アリバイはあった

韓独党は上海臨時政府出身者たちが創設した政党だった。その傘下で組織化された大韓学連の委員長となった崔重夏は李始栄（イ・ションン）という先生に勧められ十八歳の折に大東新聞社に入社した。記者活動の開始である。仲間になった張基鳳（チャン・ギボン）と権五哲（クォン・オチョル）は張が新亜日報を創刊し、権が東亜日報社会部長となるなど、一流揃いだった。

海外で臨時政府を構成して韓民族政府を維持した人たちこそ、解放後の朝鮮を統治すべきではないのか。彼らが統治してくれてこそ初めて正しい建国が可能となる。このような考えが大韓学連の基本的な立場だった。つまり崔の立場であった。ごく自然な流れの中で崔委員長は白凡金九を支持して彼に従うようになる。

前章後半で触れたように光復節以降海外活躍組が続々と戻ってきた。

真実の報道という記者に求められるあり方を背負い、同時に海外帰国組による国政担当を期待した崔重夏は、学生運動の起点を〝民族の悲しみ〟に置いたという。なんの悲しみであっただろうか。重複を恐れない繰り返しとなるが――

「金九先生に解放後のこの国を統治してくれと任せることができないこの民族は、なんと悲しい民族であろうか」若き日々の自分を追想して崔は言い切るのだった。

延世大学には為堂と号した鄭寅普（チョン・インボ）教授がおり、学生運動は学生の本分を守りながら行えと学生に説いていた。鄭教授の講義も受講するほど慕った崔がこのころ成し遂げたのが白凡金九と、崔が長らく在籍した延禧専門の学長庸斎白楽濬（ペク・ナクチュン）とを結びつけたことだった。二人は若い崔重夏を解放前から独立運動を共に戦ってきた同志のように扱った。

戦後三年、韓民党という政党が誕生した。創設に加わり外交部長、政治部長を歴任した張徳秀（チャン・ドクス）が純粋な学生・市民たちの気持ちを逆なでする行為に出る。彼は韓独党とともに韓民党も信託統治は受け入れられないと米ソ共同委員会に通告した足でその夜、ひそかに南韓国の単独政府樹立に同意するという背信行為に走ったのである。悪辣な手法に大韓学生連盟は公然と抗議したが殺す意図はいささかも持っていなかった。それなのに張徳秀に対する反感は大きなうねりとなり、一九四七年十二月二日、張は二人の若者によってソウル特別市東大門区祭基洞の自宅で殺害された。警察は二人を緊急逮捕した。一人は裵熙範（ペ・ヒボム）という延禧専門の学生、他の一人は同校卒業生朴光玉（パク・クァンオク）で現職の鐘路警察署刑事だった。一九四八年二月四日、大韓学連委員長崔重夏もまた共犯容疑で逮捕された。

米軍政下、米国官憲が取り調べに当たった。棍棒と電気で拷問を加え水責めに遭うという自らの体験を通じて米国の残酷な一面を知る。龍山米軍取調室でラーマン検事指揮の下、取調べは苛酷を極めた。監房では侠客金斗漢（キム・ドゥハン）を見かけたが大半は三六年間外国で独立運動を展開して帰国した政治犯だった。

「崔委員長よ、あなたが自白すれば私たちは殴られないで済むのに」

彼ら年寄りは無条件に罪を認めるようこの若者に迫った。官選弁護人となった元外交部長官金溶植（キム・ヨンシク）弁護士も崔に対して老人を巻き込まないよう進言するのだった。

「崔委員長、あなたが言わないと、九十歳の老人たちが全員犠牲になる。だからこの際同意しておき、事実は裁判の過程で明らかにしよう」

弁護士に指導され、崔重夏は張徳秀殺害に関与したと〝自白〟した。初公判は一九四八年三月二日開かれた。第六回公判で証人として呼ばれた金九は「私は倭奴以外に殺す相手はいない」と述べ、崔らを示唆したという疑いを否定した。被告総数は一〇人である。二一回の公判を経て四月一日判決が下された。米国主導の裁判所は米軍政布告令二号を適用して二号違反とし、八人を絞首刑、二人を懲役一〇年に処すると申し渡した。判決を受けた米軍司令官ハジ中将は一〇人を無期懲役から懲役刑五年までに減刑し、即時収容所に送った。崔重夏は宣告された無期懲役刑に服するため大邱刑務所に移送となった。事件の背景はまるっきり解明されずに終わっている。

四八年副統領に就任していた李始栄（リ・シヨン）は直ちに崔委員長の無実を訴え、李仁（イ・イン）法務部長官に再審請求するよう申請した。だが米軍政の裁判なので再審は無理との理由から、訴えは受理されなかった。李副統領は大東新聞社に就職斡旋した恩人であり、獄中の崔重夏の運命を見定めるためにもこの非常の際、改名するのが良かろうと考えた。監房に李始栄の使者が一枚の紙片を携えて崔を訪ねてきた。使者は主人の言を反芻し、〝どうか熱心に勉強しなさい、その趣旨で崔重夏から崔書勉に改名せよ〟との願いであります、と面会の理由を述べた。

新らしい鮮やかな墨痕で崔書勉と大書された画幅紙を崔は膝を折って押し頂き、監房の壁に掲げた。崔書勉となった彼は刑務所内で人生の転機を迎えたのだった。新しい名前を頂戴した彼は自分がろくに勉強もせずに学生運動という政治行動に沈潜してきた過去の道筋を追うにつけて、恥の感覚が広がっていくのを覚えた。人間としての自分を創るのは服役中の自己の義務ですらある、と考えた。

勉強と信仰

朝鮮共産党を非合法化した総督府は、新たなコミンテルンの指示によって党の再建が謀られてうごめきだした地下運動を弾圧し、赤色労働組合、朝鮮農民社を潰した。

さて張徳秀はソウル市東大門区祭基洞の自宅に住んでいた。

「韓独党も韓民党も共に信託統治は受け入れられないと、米ソ共同委員会に告げたばかりだった。それなのに張は南朝鮮の単独政府樹立に同意したという情報が大韓学生連盟に入った。従来汎朝鮮統一を口にしていた政治姿勢から著しく逸脱していたから、背信行為だ、それでは建国はできない。いきりたった学生や元学生がその夜、自宅を襲い、張を殺害したわけだ。実際張は悪い奴だったんだよ」

ごく最近訪日中の崔書勉氏と食事をともにした折に向けた質問に対して、述懐が始まった。

「実行犯二人のうち警官といっても延禧専門を卒業したばかりの学生ＯＢだったんだ。私を含めて暗殺事件の共犯者と目されて逮捕されたのは総数一〇人だった。このうち三人は後に大学教授になっている」

崔の学歴を追うと四歳にして開運塾に入り漢学を学んでいる。中学四年を終えた後、京城師範に入学したがあまりに日本的な教科内容に不満を抱き、延世大学を選ぶ。そしていつ出所できるか分からない無期懲役の獄中生活に身を置き換える。

「あの民主主義の国アメリカが棍棒と電気で拷問するのを見て、心から驚いた。私は頑として無言の行を押し通した。実際犯行に加わっていないのだから、濡れ衣を着せようとする検察の言いなりにはならなかった。ところが監房に押し込められている中国帰りの独立運動家たちに懇願されてね、無条件で自白した。しようがないじゃないか、連座しました」

朝鮮国外の満州・西間島（現在の遼寧省東部）に拠点を置いて活動した新民会の李始栄が崔書勉という名前を与えたとは既述した通りだが、彼はロシア革命に刺激されてシベリアを主とする極東ロシア全域で朝鮮独立運動を展開した男だった。そうした経歴が買われて一九四八年、副統領に就任したものだ。

「実に誠意あふれる態度で、熱心に勉強せよ、とさとしてくださった。私はそう受け止めた。画幅紙に〝崔書勉〟と書いて使いに持たせたのですね。これを私は今も自分の事務室に掛けてあります。勉強しなければと自分でも考えていた。私は素直に改名の意義を理解し受け入れた」

新しい名前はなにか素晴らしかった。贈られた画幅紙を飽かず眺めながら青年囚人は満足感を深め、重夏という名の放棄によって画然と具象化された新たな日々の到来を受け入れた。人生を一新する転機を迎えたと実感できた。崔書勉の誕生を監房でひとり祝い、学問に励む精神の高揚を味わった。政治運動よりも真実を追求する学びの道をひとたび眺めると、無限に広がる未知の世界が喜びすらもたらすと知るのだった。

さらに、転機がかさなった。江原道原州で産声をあげたとき、母者の出産を担当した医師安思永（アン・サヨン）が刑務所に彼を訪ねてきたのだった。成長を見守ってくれたお医者さまであり、著名な作曲家安基永（アン・ギヨン）の兄さんだった。

「一緒にカトリック信者になろう」

安は崔に語りかけた。母をしのび姉を慕う優しい心に点火したのが、ドナ・ノビス・パーチェム（Dona Nobis Pacem＝われらに平和を与えたまえ）、ミゼレレ・ノビス・ドミネ（Miserere Nobis Domine＝神よ、われらを憐れみたまえ）あるいはキリエ・エレイソン（Kyrie Eleison＝神よ、あわれみたまえ）、クリステ・エレイソン（Christe Eleison＝キリストよ、あわれみたまえ）とささやくようにつぶやいた安の祈りのラテン語だった。胸の中に沁みこむ祈りの言葉を初めて聞いて、崔は穏やかな気持ちに包まれた。誠実と素直さが改名によって運ばれてきたのだったが、カトリックの信徒になろうと決意した崔書勉は、赦《ゆる》すという高度な姿勢に伴う解放感を、天主教に目を開くことによって身につけたのだった。

差し入れられた聖書を旧約、新約とむさぼるように読破し、明日をも知らない無期懲役の過酷な環境に押しひしがれがちだった現実に、光明をひきこんだ。生きようという強い希望が信仰と共にはいあがってきた。

「一年六ヶ月にて刑の執行を停止する」

当局が崔書勉の取り扱いをこのように決めたのは崔が長い間わずらった胃腸病を直す目的からであった。一九四九年十月、崔は釈放され、刑務所を出た。

「いろいろな人々が運動してくれたものと思う。胃腸病治療というのは当局の表向きな処置であって、私を無罪と信じる方々の努力が実を結んだのだね。私にはアリバイがあった。犯行時、私は現場にいなかった。親戚の人と過ごしていた」

突然の釈放は、赦すという高度な精神性を崔書勉の人格に扶植した、ともいえる。老人を救うために罪をかぶった崔である。その人たちを赦す寛大な気分がカトリックの道に身を捧げる決意から生じたのだろう。

ソウルに戻った崔書勉は家族と新生活の基盤を固め終わると、明洞聖堂の尹亨重（ユン・ヒョンジュン）神父から教理講習を受けるため諸手続きを進めた。繁華街ミョンドンの中心を占める高台の聖堂は韓国カトリックの本山。主教は、日本暦を当てはめれば明治三五（一九〇二）年生まれの盧基南（ノ・ギナム）だった。筆者の父より一歳若い。

朝鮮動乱へ

米国が信託統治案を引っ込め、朝鮮問題を国連の討議に任せる方向に転換したのは一九四七年九月に開かれた第二回国連総会の席上だった。米国案は国連の監視の下に南北朝鮮の総選挙を実施するという筋書きで、十一月可決される。ところが国連臨時朝鮮委員団は現地調査した後、南朝鮮で単独選挙を実施し、独自政府を樹立する方が現実的という考えに固まっていた。ソ連圏は当然のように棄権し、米国は単独選挙案を支持した。四八年二月可決されると、米軍政当局は四八年五月総選挙を行うと方針を打ち出した。

信託統治反対では足並みをそろえていた李承晩と韓独党の金九だったが、南北政治指導者の対話を望む金九提案に北の金日成が政党・社会団体連合会議の平壌開催で応えた動きを見て、李は牽制に乗り出した。単独選挙阻止闘争と弾圧を加える側との衝突は特に済州島で著しく、米軍も兵力を増強、全地域で五万人の死者を出してようやく鎮圧するという騒ぎに発展した

結局済州島を除く全域で五月十日、国会議員一九八人が選ばれた。制憲議会は既述したように初代大統領に李承晩を選び、四八年八月十五日、大韓民国樹立を宣言した。就任からライバル排除に動いた李大統領は最大の政敵金九を暗殺せしめた。一方、北朝鮮では独立に動き、四八年九月九日、朝鮮民主主義人民共和国の誕生と金日成将軍の首相就任を宣言した。一部国軍の叛乱に

手間取った李政権だったが、年末には国家保安法を制定し、四九年十月南朝鮮労働党を主体とする共産主義弾圧策を高々と掲げた。

中国を舞台にした共産革命の急激な発展を見て米国は韓国情勢よりも中国の動向に神経を注ぎ始める。南ベトナムは内戦を激化させており、この方面への軍事援助が米国に対する緊急要請となってきた。北朝鮮もまたソ連、中国と軍事協定を結び、人民軍の再編と強化に腐心した。こうした中でソ連軍も朝鮮半島から撤退した。米ソが朝鮮半島から姿を消すと同時に、力の空白が生じた。人民軍に比べると韓国軍ははるかに劣っていた。金日成は好機到来と受け止めたのだろう、ひそかに中国とソ連を打診し、現時点で南下しても良いかどうか意見を求めた。両国とも金日成にフリーハンドを与え、人民軍による南韓突破作戦にゴーサインを与える。

朝鮮戦争のことを韓国では六・二五と呼ぶ。勃発するとほぼ瞬時にソウルは金日成軍の手に落ちた。

「六・二五が起きた数日後、私はカトリックの教理を学びに神父を訪ねたが、明洞聖堂は既に人民軍に占領されていた。面会予定を言って尹神父の部屋に入るともぬけの殻で、机の上に一枚の手紙が残されているだけだった。

崔先生、急に地方に用ができたので、戻ってからお会いします。というメッセージだった。非常事態の中でも固く約束を守る天主教なのだな。信じるほかないな、と思った」

朝鮮動乱を別の角度からも観察してみたい。

現在世界市場の八割は抑えているといわれる株式会社永安帽子は中折れ帽から野球帽、ゴルフ用帽子など六千種類を超える帽子を製造する世界企業である。岸信介総理の秘書官だった堀渉と並んで筆者も代表世話人を務める日韓談話室に、東大阪市に住む徳山謙二朗が名を連ねている。徳山が是非会ってくれませんかと再三勧めるので数年前、京畿道富川市の永安帽子本社に会長白聖鶴（ペク・ソンハク）氏を訪ねたことがある。カラ手チョップで一世を風靡した力道山の未亡人田中敬子さんと姪御さんも一緒だった。広壮な玄関先に「橋本明ご一行さま」と看板が置かれていた。

会議室を占める長方円形の机を隔てて坐った会長は流暢な英語を駆使して朝鮮戦役と彼自身の物語に触れた。家族は北朝鮮の元山に住んでいたという。中国軍参加と国連軍退却の噂から村の人たちは教会幹部らと相談し、南朝鮮に船で逃れる策をとった。白家の祖父が決行前日負傷したことから残留となり、白少年は葛麻港（現在の江原道元山市葛麻洞）に見送りに出た。桟橋上で別れの手を振っていると、船から顔見知りのカトリック信徒の一人が「世話になった。これでお菓子でも買ってくれ」と叫び、銭を数枚少年に渡そうとした。そのとき波頭に乗せられ、桟橋の高さまで持ち上がった避難船に少年は倒れこんでしまう。船はそのまま走り出た。少年は泣く泣く運命を受け入れた。船が着岸した港町が全羅南道木浦だった。日本海側から長躯迂回したのだろうか。金大中（キム・テジュン）元大統領が生まれた島には木浦から小舟でもほど近い。孤独と空腹を抱えてガリガリになっていた十一歳になったばかりの白聖鶴は母を恋い慕って夜泣きし続ける。

北に行けば父母に会える。ひたすら北を目指して歩き、慶州鉄道の貨物列車にもぐりこむなどするうちに自分がどこにいるのかわからず、へたりこんでしまう。そのとき、「神が助けてくれたのだと思う。気がついたら坐っていたベンチに固いパンの塊二個が新聞紙にくるまれて置かれていた。誰かが恵んでくれたのでしょう、夢中で口にしました。餓死寸前に救われたと実感しました」

北の人民軍と激しい戦闘を繰り広げていた米第一海兵師団付き韓国陸軍第105機動中隊の歩兵金一等兵が川べりで洗濯しているのと出会ったのは一九五一年八月初旬だった。親切な男で、給料はないが三度の食事は食べさせてくれる、だから米軍の掃除人になったらどうか、と声をかけてくれた。連れて行ってくれた中隊に頼み込んで洗濯などに精を出す。戦地に出撃するときも米兵らは白少年を連れて行った。弾薬を運んだり、距離測定に従事したり、時には小さな体を利して敵に接近して情報をとるなどした。金一等兵が異動と決まったとき、米軍の兵隊ビリーを紹介していった。ビリーが白少年に注いだ愛情は無心あるいは溺愛に近い。軍律を犯して少年を身近に眠らせ、保護し、少年が焼夷弾にやられて全身やけどの重傷を負ったときは一睡もしないで手当てした。一命を取り留めたのちも病院で十分な手当を施し、全治させた。白は生涯ビリーに感謝の気持ちを捧げ、彼の使い走り少年として尽くした。それでも長期に世話になることは許されないと決意し、ひそかに病院を抜け出してソウルに出た。

発見した仕事場が小さな帽子屋だった。

事業に成功して金持ちになった白聖鶴は片時も忘れることのなかったビリーをようやくアメリカ本土で見つけて再会を果たした。家と車とをぜひとも受け取っていただきたい。そう申し出た白に、ビル管理人のビリーは、「ありがとう。家のローンはそろそろ払い終わるよ。私には車はいらない。君の心からの親切だけ受け取らせていただこう」と柔和な微笑を浮かべて言った。

リーダース・ダイジェストは二度に亘ってこの数奇な再会物語を報じた。最初は発見までの努力と経緯を、次は再会を果たした二人を。生き別れてから三七年が経過していた。

戦争孤児の家を経営

崔書勉の明洞聖堂初訪問や白聖鶴少年の乞食行が記録された朝鮮半島では、南に突入した北朝鮮人民軍が開戦三日後の一九五〇（昭和二五）年六月二十八日ソウルを占領している。国連安保理が国連軍派遣を決議したのが七月七日である。

八月十八日、韓国政府は早くも釜山に本拠を移した。東京日比谷の連合国軍総司令部（GHQ）はダグラス・マッカーサー元帥の指揮下、国連軍を投入し、仁川上陸作戦を敢行して九月二十八日ソウルを奪回した。さらに十月七日、三十八度線を突破、二十日には平壌を占領した。中国は鴨緑江に迫った国連軍を見て百万の兵力を投入、南下させた。

日本による三六年に亘った併合の桎梏《しっこく》から解放されてわずか五年、極度の食糧難にあえぐ朝鮮半島が同民族間戦争の戦場と化した実態は悲惨というほかなかった。破壊と火災、殺戮と逃走がのたうつ半島情勢を尻目に、日本では特需景気が沸き立ち、成長と繁栄の道筋を動乱の中に発見して戦後経済の建て直しを図ったのだった。

五一年に入ると一月四日、北朝鮮人民軍はソウルに再入城した。中国軍が参加した成果であり、中国軍介入後は困難な戦況が続く。連合軍は三十八度線近くまで退却し、もはや押し返す力は残されていなかった。休戦が始まったのは七月二十七日である。

朝鮮人民軍は各地で刑務所を解放したものだった。かつて韓国解放軍第三師団の師団長だった金学奎（キム・ハッキュ）将軍もその一人である。開戦時の六月ソウル脱出を仕損ねた崔書勉は残留して模様眺めをするほかなかったのだが、偶然金将軍と出会う。崔は将軍に対し南方に避難する決心をさせ、京畿道水原市鳥岩里に隠れ家を提供した。ぐずぐずしていれば金将軍は北に拉致される運命だったろう。将軍は崔を命の恩人とみなした。もう一人、後に将軍を助けたのがクーデターを起こし、第三共和制時代を牛耳ることになる朴正熙である。朴は初代の韓国軍海兵隊司令官となった申鉉俊（シン・ヒョンジュン）と共に、金将軍が率いた第三師団に所属していたという。かなり病んでいた将軍を陸軍病院に運び手厚い治療を施した朴に、金学奎はやはり、命の恩人である、との感慨を抱いた。

北朝鮮人民軍再度のソウル進駐に当たって、崔書勉は津波のように後退する人並みにまぎれてソウルを抜け出し、釜山に避難した。この海港都市は一切戦禍を知らないで温存された韓国の主要都市である。海の幸に恵まれ避難民は息をついた。

崔の心を領していた思いはキリストへのあくなき信仰であり、弱者を助け〝他利〟を率先実行する精神だった。釜山で崔は指導者を失った孤児一〇〇人を助けた。呉基先（オ・ギソン）神父が当地に残したもので、大半が戦災孤児である。親の行方も生死すらもわからない孤児をまとめて、崔書勉は「聖パンジコの家」を運営した。

崔は孤児院のモデルを米ネブラスカ州オハイオ市にあるボーイズ・タウンに求めた。エドワード・フラナガン神父が家なき子の保護所として経営した施設で、立派に運営されているという情報から、手繰り寄せたという。崔書勉の義挙はソウルにまで伝わった。

口伝えに聞き知った人々が崔書勉の仕事を手伝った。詩人毛允淑（モ・ユンスク）、金大中大統領夫人となる李姫鎬（イ・ヒホ）女史、前カトリック医大聖母病院長金学仲（キム・ハクチュン）、兪鎮午（ユ・ジノ）博士夫人李容載（イ・ヨンジェ）女史らだった。孤児の数はいちじ三〇〇人に達している。

「韓国天主教は誇らしい宗教だった。普通なら総本山バチカンから派遣された外国人神父によって被伝道国に伝えられ根づくものなのだが、韓国では独学で天主教を学んだ李相薫（イ・サンフン）が自ら弘め伝播した。こうした例は世界の伝道伝教史上まったく見当たらない。唯一の例となっています。

ただ弱点をあげるならば、人材を育てる努力に甚だ欠けていたのが韓国のカトリックだった。三・一運動（一九一九年三月一日）で多くの信者が万歳運動に参加しました。だが英霊となった三三人中には信者がいなかったので、この事実を教宣することを怠ったのですね。動乱収束の頃、ソウルには盧基南（ノ・ギナム）、張勉（チャン・ミョン）、尹亨重（ユン・ヒョンジュン）神父が天主教の指導的立場を占めていた。彼らは共通して新たな人材発掘を目指したのです。そのような状況で私は盧主教から召しだされました」

釜山に崔書勉という青年がいる。孤児院を経営してがんばっている。よほど関心をそそられたのだろう。盧主教は四度に及ぶ説得に乗り出した。固辞する崔書勉に「教区本部から秘書役と天主教総務院の事務局担当を急ぎ採用せよといわれている。明洞聖堂の事務局長を任せる。一緒に働こう」と呼びかけ、ついに釜山から連れ出した。ソウル教区天主教総務院事務総長は高潔な人格者で知られる張勉博士だった。崔の北帰行は第二共和制の中心人物となっていく張勉と崔書勉をつなぐ因縁の出発点ともなった。

張勉博士の謦咳に接して

「張勉先生は盧主教よりも年上の先輩でした。しかし先生はあくまでも礼譲に徹し、主教を尊敬し、人をたて、盧主教に従っておられた」

一九五一年、盧基南主教によって天主教総務院事務局長になった崔書勉。直属の上司は雲石と号する張勉だった。初めて引きあわせてもらった日、張勉は四八年当時の思い出を語った。

「第三回国連総会に韓国代表団首席代表として参加した。国際社会に韓国を認知してもらう大切な総会だ。当時韓国にはまともに育成された外交官は一人もいなかった。私自身がそうだった。フランスやイギリスの外交官にどうしたら外交文書を作成できるのか教わった。私はニューヨークで毎朝行われるミサに欠かさず出席していた。豪州代表はカトリック教会の主教だった人だ。何しに国連に来たのかね。問われて、韓国から国連の承認を得るために来たと答えた。私が信者だと知って彼は、私が先頭に立ってお手伝いするよ、と大いに助けてくれた」

尽力した張勉は四九年初代駐米大使となり、韓米間国交発展のために努力したが、外国に出張するときも、ホテルを決めると最寄りのカトリック教会を訪ね、ミサに出席し、領聖体（キリストの体を食べる儀式）をする熱心さだった。彼の導きで信者になった第二共和制の政治家は数多い。なかでも仏教信徒会長だった崔南善（チェ・ナムソン）を改宗させたとき、崔書勉は韓国放送（KBS）を通じて改宗発表の声明文を読み上げている。崔は張勉が話の上手な人物だったと言っている。

「日帝時代、博士は玉岡勉と創氏改名した。私の感じですがね、創氏改名したのはむしろ独立運動にかかわった方が多いです。そうしないと米の配給ももらえない、学校に入れず、入院を許されないという始末でしたから、創氏改名せざるを得ないじゃないですか。

張勉博士は大神学校（テシン学校＝現在のカトリック大学）で英語と日本語を教えたのだが、生徒に盧主教がいた。教え子だったんだ」

「これも日帝時代だが、張勉博士はソウルの東星商業学校校長をずっと務めておられた。解放後、駐韓米軍司令官ハジ中将と李承晩大統領が盧基南主教に、各界の代表を網羅した民主議員二八人（一九四六年設置された米軍政庁の諮問機関）を選出するため、天主教代表を送ってほしいと要請した。盧主席が推薦したのが張博士。民主議員に就任したのです。博士は米国のマンハッタン・カトリック大学を卒業しています」

李承晩が四選を果たした直後猛烈な学生運動にさらされて退陣すると、救国の旗頭として張勉にお鉢が回ってきた。国務総理への就任である。一年半と短期だったが史上、第二共和制と呼ばれたのがこのときに当たる。大統領に選ばれたのは尹潽善（ユン・ボソン）だった。韓国政治史のうえでは弱体政権としか書かれていないが、海外ではもっとも自由で民主化が実現した時期（一九六〇・八〜六二・三）と評価されたものだ。ただし民主化は革新勢力の増大と対北朝鮮融和政策を推進する意味を持ち、不快感を抱いた軍部による六一年五月十六日の軍事クーデターを招き寄せてしまう。

金大中との出会い

崔書勉天主教教務院事務局長が初めて金大中に会ったのは五六年六月十日、盧基南主教が主教館でパーティーを開いた席上だった。カトリックでは入信したときの名づけ親を代父、命名されたほうを代子と呼ぶ。崔は張勉を代父とする代子だった。崔の事務室があった四階に京郷新聞社も入っており、雄弁学院を経営していた金大中がしばしば訪ねてきて、「信者になりたいので神父を一人紹介してください」と崔に頼んだ。それ以来友人となった二人である。金大中の人柄をつかんだ崔書勉は名声があった尹亨重神父を紹介した。

金大中は尹神父から教理を教えられ、きめられた期間一日も休まず学習に励んだ。「君が私に紹介した金という人は頭がいい。質問も辛辣だし……」尹は崔にこう語ったという。

教理学習が終わると領洗（受洗）を許される。同年七月二日、尹神父から直接洗礼を受けた金大中は直ちに崔書勉を訪ね、自分の肖像写真に署名して感謝の意を表した。署名は旧姓を使っており、「トーマス金大仲」と読めた。領洗の儀を終えて尹神父が「今後のことだが、なにになりたいのか」問うた。金は即座に「政治家になりたい」と答えた。

尹神父は崔書勉に「直属上司が張勉博士なのだから、君が紹介の労をとるように」と述べた。崔書勉は金大中を小公洞にあった顧問室に連れて行き、当時副大統領兼民主党最高議員の張勉に紹介した。金大中が顧問室を去ると、張勉博士はこう語った。

「彼を紹介してくれたことに感謝する。韓国天主教の一番の悩みは人材難にある。有為な人材を得て嬉しい。金大中は政治家を目指すと明快に述べた。私や主教にしてみれば、むしろ君を政界に進出させたいと考えている。どうだね、この際決意したら」

崔は心を動かさなかった。張徳秀暗殺事件に関連したものとして政界に出る、大きくなる、これでは張勉先生に累を及ぼす惧れがある。彼はそのように考えたという。答えとして崔は張勉に以下のように述べた。

「私は政界に出ません。私の代わりに金大中のことをよろしくお願いします」

無実の罪に問われて獄に追われた悲劇の若者崔書勉をそのとき張勉はじっと見詰めた。崔がはっきりと気持ちを割って友人のことを考えてくださいと明言した胸中を、張勉は大切なこととして受け止めたのであろう。盧主教とともに金大中を特別に遇し後押しを図った張勉の推薦と温情を受けた。

「金大中は一朝にして民主党の常務議員、宣伝部長の座を射止めた。その後の順調な出世はこうした背景がなければ決してあり得ることではなかった」

深い因縁に結ばれ、その友人に先に旅立たれた崔書勉氏は、このような感想を筆者に述べている。二人の関係についてはまた触れる機会を持ちたいと思っている。

戦後初の大統領に選ばれた李承晩は大統領中心制を強化して議院内閣制をしりぞけた。二選されたときの第二回国会議員選挙で与党は二一〇議席中五七議席しかとれない。李はこれをみて大統領を直接選挙で選ぶ改正案を提案する。一院制の国会を二院制にする改正も織り込んだが、否決されてしまう。新聞検閲を強行し、難癖をつけては国会議員を逮捕していった。共産ゲリラの残党を追い払うという理由から五二年には慶尚南道、全羅南道、全羅北道の各地で非常戒厳令を敷いた。カトリックの京郷新聞を弾圧したのはこのころだった。同年七月憲法改正可決に持ち込んだ李政権はようやく大統領直接選挙制と二院制を手に入れた。

こうした暴政に抗議して副大統領金性洙（キム・ソンス、東亜日報社主）が辞任している。荒れに荒れた政局から野党である民主党が発足し、申翼煕（シン・イッキ）を代表とした。最大野党進歩党は曺奉岩（チョ・ボンアム）を大統領候補に押し出し五六年の第三代大統領を選ぶ選挙で善戦する。このとき民主党の申は大統領候補となり、さらに張勉が副大統領候補として出馬した。だが申候補は突然死亡する。この大統領選で李承晩は大統領に選ばれたものの、副大統領には張勉が当選した。正副大統領が与党と野党とに分かれた事態は異常だった。

李承晩は国家保安法を使って進歩党を非合法化し、中立国が監視する南北統一選挙を政策に掲げたことを理由として政敵曺を裁判にかけ、死刑を宣告して殺してしまう。ジャーナリズムは立ち上がった。特に国家保安法改正案が言論の自由を極度に制限する内容だったことから闘争に転じた。

張勉副大統領を追い払いたい李大統領は第四代大統領選挙予定を二ヶ月早め、一九六〇（昭和三五）年三月を投票日として公布した。野党つぶしの強行策は三・一五不正選挙と称され四月革命を生み出す原動力になった。日本では所謂60年安保、日米安全保障条約改定反対闘争が大衆運動化し、国会包囲網を構成する労働者、市民、学生デモが連日繰り広げられた。

四月革命とは馬山投票所から野党民主党の立会人が退去されたことを発端とした市民デモが起こりである。警官隊の発砲で八人の死者などを出した馬山事件を引き金にソウルでは大規模な学生デモが組織された。ソウル市内でも七人が死亡、四月十九日には釜山、大邱、光州、大田に飛び火、全国で死者数が一八六人、負傷者六〇二六人に達した。全国の大学から計二五九人の教授が決起した。彼らは大統領の辞任を求める時局宣言を発表した。二十六日同種のデモは最高潮にふくれあがった。ソウルは騒乱状態に陥った。

伸びてきた魔手

「対日政策で韓国唯一の勝利例が李承晩ラインの設定だった。日本は弱者の立場に回った。この平和ラインのおかげで日本人は漁船が韓国に拿捕《だほ》されても何も言えず、韓国水域で獲った魚が没収されても文句を言えなくなった。表向きは韓国沿岸水域を保護するためでしたが、その後の為政者による日韓交渉において韓国が有利な立場にたてる土台となったのではないでしょうか」

崔書勉は生死を分ける圧制を課してきた相手でも良い点は良しとして評価する公平さを身に備えている。動乱後直ぐ始まった日韓会談は疲弊した韓国に明らかに富をもたらすものでなければならない。漁業権、排他的海上通行権の設定は経済的利益をもたらす方便だった、と崔は解釈する。

日々仕える立場になった崔書勉は張勉博士の人格に傾倒する毎日を経験する。腐敗と不正選挙で浮き上がり始めた李政権にたちはだかる反対党の指導者としてみても、張勉は李本人が恐れる人望と支持を集め得る政敵に育っていた。李は年齢を重ね疑い深い老人への道をたどるばかりだ。

見えない魔手が崔書勉の身辺にまとわりついてきた。一九五七年、李承晩政権は崔書勉を朝鮮戦争時代の脱獄者として逮捕しようと画策した。この動きを覚知したのはカトリック系の京郷新聞を通じて反政府キャンペーンを張った直後である。

「李承晩大統領は選挙にあたって票を取り替えるなど不正を働いた。天主教としてはそのような不正選挙は許さない。新聞を通じて猛攻撃を加えました。年老いた李大統領が倒れたら、政権は反対党の張勉博士に渡るという危機感から、張勉サイドの主要人物を消そうとしているようにみえました」

刑期の大幅縮小を勝ちとったとき胃腸病の治療に当たったソウル大学付属病院安医師と尹神父が崔書勉救命のため趙寅九（チョ・イング）担当検事を訪問して頼み込んだが、無駄だった。危機管理意識が鋭く働く中で、崔書勉は駐韓アメリカ大使ウオルター・ダウリングに身辺保護を要請した。これも駄目だった。

「大使は、北朝鮮からの亡命者でもない、友好国である韓国出身者に亡命許可を出すわけにはいかない。そう言っていた」

こうなると李承晩による逮捕を逃れるために残された手段は韓国脱出以外にない。最後の助け舟は盧基南主教らカトリックの面々が出すしかなかった。

すべて秘密裏に決行する、頼れるところにはすべて手配する……

当面の行き先を日本とすることを前提に、ポルトガル人神父が渡航先をイタリアとし、最終訪問地をヴァチカン（教皇庁）とする案を練った。日本到着後できるだけ早く出国しヨーロッパに向かう。日本を含めて「チェ・スー・ミョンという人物がポルトガル本国、植民地並びにポルトガルの権限の及ぶ地域に着いたときは直ちに外務大臣に連絡して保護を怠るなかれ」という文書が配布された。使える組織上の手づるは国境を越えて敏速に手配された形である。ウルトラCは米軍用機で空路日本に向かう密航手段の確保に見られる。

手際の良い作戦と手配は七年前の経験に根ざしていたのかもしれない。張勉博士は一族の中でソウルに暮らしていた張貞子（チャン・ジョンジャ）、夫の金修史（キム・スサ）と四人の子供をソウルが再度北人民軍によって占領される前の一九五〇年十一月末、日本に脱出させているのだ。

東京・銀座一丁目、ちっぽけな銀座田んぼの隣に清香園という韓国料理の老舗がある。筆者は二〇一〇年春、夫と力を合わせて開店したこの店に張貞子を訪ねて貞子から直接話しを聞いた。記憶を繰るとこのような実景が現れた。

張勉博士は突然某日、一家に明朝五時必ず朝鮮ホテルに来るように言ってきたという。

「まだ午前四時だった。朝鮮ホテルの寒い玄関先で震えながら待った。五時になっても誰も来ない。ようやく五時半に米軍のジープが一台走りこんできた。乗り込みました。着いたところは米軍が使っている飛行場でカマボコ型の兵舎がポツポツ建ってましたね。その一つに入ったら、まあ、温かくて、しかも肉類やパンその他食べ物がどっさりあるんですよ。張勉が待っていたのはこの兵舎の中でした。当時の韓国は貧乏でしたから子供たちはみなおなかをすかせてました。

飛びついてガツガツ食べたんですね。詰め込みすぎて、今度は吐き出してしまった。張勉博士は黙って自分で拭き掃除をしてました。パスポート、査証、みな用意されてました。米軍機に押し込むように乗りましてね。羽田空港に着いたのです。

あのころ羽田は米軍が使っており、民間機はわずかに動いていた。ひどい揺れの中で子供らはグロッキーになってましたが、降り立つと、韓国大使館館員が大勢迎えてくれていたのです」

貞子の夫は知る人ぞ知る大人物だった。孫文の秘書だったのである。青香園を始めると、二階の部屋は日韓会談にも使われるようになった。船田中、佐藤栄作ら日本の政治家と韓国の政治家や外交官が常時集まっては会食するため、店前の道路は黒塗りの自動車と警備の警官でびっしり埋まった。国務総理を二度務めた金鍾泌（キム・ジョンピル）もきている。

昭和三二（一九五七）年五月二十七日、一機の米軍用機が日本に舞い降りた。天主教聖職者の服装を着込んだ崔書勉が乗客に混じっていた。盧基南主教の深慮遠謀が生んだ服装だった。異例の亡命者であるのに誰も気づかない。密航者崔は愛する妻を伴っていた。梨花女子大学を卒業した朴順玉（パク・スノク）であった。二人はタラップを降りて日本の土を踏んだ。日本との絆が刻印されたこの日、薄暗い一隅に日本のカトリック信徒会長が待っていた。

マダム・キオ

友人、知人と呼べる人がどこにもいないという経験に直面した崔書勉にとって、聖心修道会東洋管区長シスター・ブリジット・キオはたった一人の道しるべだった。かつてキオは中学校を韓国に作るために修道会のシスターたちを訪韓させる可能性を調べるため、ソウルを訪問したことがある。ちょうど朝鮮戦争が終わった直後のことである。彼女の目にソウルは廃墟からようやく立ち上がろうとする、懸命な努力を見せていた。

とはいえ、現実は厳しかった。道路には米軍関係のジープとトラックが泥土を煽《あお》るように走っていた。交通機関はないのと同じだった。法秩序があるのかないのか、それさえはっきりしないソウルだった。国籍もさまざまなシスターたちを日本国から派遣するためには複雑な手続きによる入国査証をなんとしても入手しなければならない。

どうしたら適切な援助を受けられるだろうか。このような課題を胸に秘めて、キオ女史の一行はソウル在住の司教を訪ねた。そこでキオは、情熱的で、ものごとをてきぱきと処理する一人の若者に出会った。キオの記憶をたどると、この青年は困難を前にしてにっこりと笑い、解決できそうもない問題を解決してしまう能力を備えていた。盧基南大主教、張勉総務院事務総長の下で事務局長の職務を片づけていた崔書勉の姿をキオは印象深く記憶にとどめたのだった。なにより も彼の若さが行動力を伴うと冴え冴えと光り、鮮やかな印象をふりまくのだから。

ところがある日突然、交友関係がぷっつりと切れる日が訪れてしまう。崔書勉は一言も挨拶することなく消えてしまった。「まるで雷に打たれたほど私は無力になった思いをかみしめた。噂さえ耳にはいらなかったのです」と彼女は書き残している。崔書勉に危険が迫り、盧大主教をはじめ関係者が崔のために亡命準備を開始した時期だったのだろう。

「ある日、当時東京に住んでいましたが、事務所で電話が鳴りました。崔さんでした。彼は東京にいたのです」語るのは広尾の聖心会第二修道院で同居していたシスター嶋本操。キオは喜びでいっぱいになり、「すぐ東京の修道会においでください」と告げた。二人は修道会の小さな喫茶室で久々に向き合った。

崔はこれまでの物語を詳しく語った。監獄を出たからといって大戦後の朝鮮で完全に自由な立場ではなかった事情がキオにはよく理解できた。戦争が終わったことも山中に逃れていたため九月まで知らなかった、と崔は語り継いだ。いきなり電話してきた崔書勉が一体どのようにして日本に来たのか、不思議だった。「不可能を可能にした男」はしかし目の前に坐って元気に語っているのである。この日本に彼が来たという意味は崔が人生を最初からやり直すことなのだろうとキオは想像するしかなかった。大変な事業に取り掛かった人生への挑戦をわがこととして考えてみた。宗教者の信念がキオの心を揺り動かす。

マダム・キオに会うまで崔書勉は代父張勉博士の身を案じて過ごした。日本密航の企てが外部に漏れたならば、李承晩大統領はこれを口実として博士を亡きものにするだろう。それほど、李大統領とは恐ろしい男だった。

もう一人、金大中についても思いをめぐらした。京郷新聞社を訪ねると金大中はその足で同じフロアにあった総務院事務局長の部屋に顔を出したものだ。ある日、突然金大中が崔書勉を訪れた。

「お願いがあるんですよ」そう前置きして話し出した内容はかつて崔が考えもしなかった新聞社の仕組みに関連していた。「京郷新聞社《キョンヒャングシンムン》に顔がきくのでしょう崔兄い、新聞社って必ず破紙が出るよね、新聞社が破紙を私に払い下げてくれたら、そのお金を使って立派な雄弁家を育てられるのですよ。口をきいてくれませんか」

真剣な面持ちで頼み込んだものである。破紙がどのようなものか理解できなかったが、崔は韓昌愚（ハン・チャンウ）社長に報告した。

「私の友人金大中が若い人たちを育てるのに破れ紙がほしいと言ってきました。なんでも金になるような言い草でした」

金大中の申し入れがきっかけとなって社内にはびこっていた腐敗の芽が摘み取られた。それまで表に出なかった不祥事が明るみに出たのである。総務局長による破紙処分と売却代金のネコババである。

「あの男、ただ者ではないな。どこか常人と違う……」

崔はなつかしく金大中を思いだしていた。

ローマを本部とする聖心修道会は世界を三五管区に分けていた。日本には東京都港区白金三光町にある聖心女子学院、宝塚の小林聖心女子学院、富士裾野の不二聖心女子学院それに聖心女子大学の四校、韓国に京城聖心女学院一校、中国の上海に上海聖心女子学院があり、合計六校が東洋管区所属学校（当時）である。東洋管区長という役割からしても、韓国カトリックの総本山がある教区本部事務局長の密航来日は看過ごせない事件であった。

キオは崔に連合国軍総司令部（GHQ）のP氏を訪ねるよう申しつけ、手配した。中国本土進攻と原爆使用を掲げてトルーマン大統領と激突したマッカーサー元帥は一九五一（昭和二六）年四月解任されて帰国し、九月対日講和条約がサンフランシスコに集まった四九カ国によって調印され、日本の独立が国際社会で承認されていた。

田中耕太郎の好判断

崔書勉はソウルを発つときローマに行く約束で出発した。しかし日本から外国に出る査証がない。GHQのP氏に期待したのは日本から離れる手はずを整えてもらえるかどうかだった。崔に対してP氏はつれなかった。

「ＧＨＱといってもかつての権力はないのです。日本は独立国です。独立国の国法を適用し運営するのは日本政府です。残念ながらお役にたてない」

崔は途方に暮れた。親しく指導を受けたソウルの張勉博士に相談しようにも国際電話は禁じ手だった。アシがつく恐れが多分にあり、博士に疑いの目が注がれないようにするためにはひたすら手をこまねいているしかない。しかも張勉には前述したように一九五〇年、孫文の秘書で身内ともいえる家族を日本に逃がした前科すらあるのだ。米軍機で韓国出国という手段は今回も踏襲されている。

横道にそれたが、困った崔が再び面会を申し込んで報告すると、マダム・キオはしばらく熟考した末、一つの案を崔書勉に示した。

「この方に会いなさい。お名前は田中耕太郎、最高裁判所長官です。世界的視野を持つ学者であり、教育者、哲学者さらには文部大臣を勤めた政治家です」

キオの口上には確固とした響きが感じられた。彼女は早速面会に必要な手配をした。

韓国カトリック本部では日本は単なる寄港地であって、崔の行くべき先は欧州、それも教皇庁をかかえるイタリアの首都ローマと理解していた。在韓ポルトガル神父を通じて日本にあるポルトガル総領事館にも公式電文が届いていた。

「チェ・ソ・ミョンという人物がポルトガル本国、植民地ならびにポルトガルの権限が及ぶ地域に着いたときは直ちに外務大臣に連絡して保護を怠るな」

完璧な紹介文だった。

東京・霞ヶ関の法務省内にあった最高裁判所長官室で田中耕太郎は崔書勉と対面した。よどみない立派な日本語の挨拶を聞き、カトリック運動家の敷いた道をたどって当地日本に来たがすぐにでも出国できるようお願いしますと熱心に語る青年を心を沈めて打ち眺めた。一部始終を聞き終わると、田中は表情を引き締めて厳かに申し渡した。

「私は法律の番兵だよ、密航者を捕えて裁判をする立場の者が、君をこっそり出国させる……？　貴方は密航者だ。密航者が密航をもう一度させろ、だと！　以前私の秘書をしていた者が最高裁の秘書室長で来ている。法務省出入国管理局の初代局長に貴兄を会わせるよう手配してある。手続きをとらせよう。即出頭しなさい。その代わり崔君、私が身元保証人になろう。入管当局に自首して特別滞在許可をもらうように」

目を裂けんばかりに見開いて驚いたのは当の崔書勉だった。深く頭を垂れて、感動に身をふるわせる崔に田中長官は語りかけた。

「亡命生活はどんなにつらいものか」長官はさらに語を継いだ。「四十の手習いですがね、私はピアノを弾き始めた。年に一回は演奏会も開いていますよ。崔君、あなたもピアノでも習って自分を慰めるといいな」

田中耕太郎はまさしく人間耕太郎だった。法務省と最高裁は隣接している。田中長官は秘書室長を呼び、崔書勉を入管局長室に案内し、調べが終わるまで同席するよう命じた。崔を扱うには日本国法に従い調書を整えなければならない。完成するまでその場を動くな、という意味であった。崔に対する入管局長じきじきの質問が始まった。生年月日、出生地など基礎的な質問に丁寧に答えていた崔が急に押し黙った。

「貴方はどこに上陸したのか。海ならば港名を、空からならば飛行場名を言いなさい」

にわかにその場の雰囲気に緊張感がみなぎり始めた。

「それは言えません」

「君の日本滞在は到着地から始まるのだよ。韓国語、日本語さらに英語に通じている貴方が寄港地の名前を読まなかったはずはない」

「いいえ、記憶にありません」

いらだって局長はさらに言い募る。

「調書とはね、貴方が初めて日本国の地に立った瞬間から始まるのだ。到着日は分かっている。だが到着地を知らないと君は言う。おかしいじゃないか」

「知りません」

出発した場所は一般空港ではない。一九五七年といっても民間利用向け空港はまだ整備されていなかった。崔書勉は韓国内にある某米軍空軍基地から飛び立った。到着空港がどこか、金輪際明かすつもりはなかった。

「私の来日では多くの方々のお世話を受けています。渡航先がとりあえず日本だったと申し上げている。それで十分ではないか。貴職からすれば日本に密航した男について調べているわけですが、私は言えません。到着地を明らかにすると、韓国の情勢から見て世話になった方々になにが起こるかわからないからです。こちらは命がけです」

「私は密航者の貴下について調べている日本の官憲である。これでは話にならない」

言い募って秘書室長を見つめるが、彼は目をつぶって揺らぎもしない。

「それほどにおっしゃるならば、私を拷問にかけよ。そうして吐き出したところを到着地にすればいい。拷問の末話してしまったことが証明されれば私も気楽だ」

「ここは日本だ、韓国ではない。日本に拷問などの制度はない」

結局、入管局長がさじを投げ、調書を作り上げた。彼の到着地はついに記載されなかった。

崔書勉氏は思い出して筆者に次のように語った。

「当初イタリア留学希望を熾烈に抱いていた私の考えを変えてくださったのもあの方だった。さらに日本に滞在する意義についても私を励ますかのように言ってくださった」

当時としては先見の明に満ちた発言を田中は崔に示したのだ。

「日本人が韓国に対して正しい認識を持つよう指導することが、いま、必要ではないのか」

日韓関係改善の要を知り尽くしていなければ口に出てくる言葉ではなかった。偉い方だったと田中耕太郎について懐かしげに語る崔書勉である。なんという幸運を非常の際につかみとったことか。こうして崔は法務省から特別滞在許可証を交付された。

日本人の度量の深さに崔は改めて瞠目し、大変立派な民族なのだと悟りもした。

田中耕太郎とのやり取りを聞き終わったマダム・キオ自身が身を乗り出して言った。

「田中さんがあなたの身元保証人になってくださったのですから、私は崔君の財務保証人を引き受けましょう」

申し出たキオといい、日本とはなんていい人々が住むところなのだろう。親身の姿勢に崔はひたすら感銘を深めるのだった。

数年前になる。マダム・キオが危篤との知らせがソウルにもたらされた。米国の軍政が終わり、李承晩がアメリカに亡命したとき許されて韓国の首都にも住居を持った崔は取るものもとりあえずソウルから飛行機に乗った。空港に到着するやただちに聖心に電話を入れた。崔の電話を受けたシスターは図らずもキオのベッドわきに控えていた。

「マダム、崔さんから電話です」

昏々と眠っていたキオは一瞬、目を見開いたという。車を飛ばし病室に駆け付けた時、キオは息を引き取っていた。

葬儀が聖心女子大学大講堂で催された。まだ開場していない式場には白い花で囲まれた遺影が屈託ないいつもの表情を浮かべて微笑んでいた。しかし名前をつけた、ひときわ大きい献花はたった一つだけ正面を飾っている。崔は修道女に膝をかがめて願い出た。

「どうかお願いします。私の花束を韓国を代表する意味合いで置いていただけないですか」

丁重な頼みが聞き入れられ、許された。結果として皇后陛下と崔書勉と書かれた二つの生花が並んだ。崔書勉は心の底から満足感を味わって最後まで式場を動かなかった。

昼過ぎから夕刻四時半ごろまで美智子皇后は会場にとどまった。思い出の写真を展示してあった部屋で崔書勉は皇后と会話する光栄を得た。

「私が写っている写真も数枚あります」

質問に答えて崔は「私が日本に参ったのは一九五七年でした」と語ったそうである。

数ヶ月を隔て、六本木の旅行社オーナー寺田佳子が六本木に出している自分のフランス料理屋シャルトルーズを開放し「崔書勉を囲む日韓談話室」の名前で会を開いた。店を切り盛りする寺田佳子は岸信介秘書だった堀渉と、筆者という二人の代表世話人を助けて世話人役をこなす貴重な人材であった。惜しくも二〇一五年春先あの世に召されたが。当日、開会の挨拶を筆者が務めた後、出席した多くの仲間が崔書勉とキオ女史との交流、現在抱いている熱い思いに耳を傾けた。キオ管区長の側近だったシスター嶋本らが交互に語るマダム・キオに時代を重ねてしんみりと時を過ごしたものだ。

韓国学こそ

密航者から特別滞在許可外国人に。晴れて自由の身となった崔書勉はマダム・キオ、さらには彼女の親友でもあった太田耕造亜細亜大学総長（後の文相）の二人から厚い支援を受け、勉強にとりかかるとともに講師として亜細亜大で教鞭をとり始めた。生活費は確保された。朝鮮あるいは韓国文献に満ち満ちた日本は無尽蔵の宝庫に映る。その認識が彼をして本格的な韓国研究に駆り立てていった。

二〇一六年四月三日、日韓談話室は寺田亡き後の新体制を動員して、麻布十番のさぬき倶楽部で崔書勉満九十歳の誕生日を祝った。四十人が参加した中で崔は「田中耕太郎さんに会えてよかった。日本で勉強できたことはローマに亡命するより、うんと良かった」と述懐したものだ。

崔が目指した場所は大学ではない。文献が詰まった国立国会図書館だった。風雨をものともせず、雪が降ろうが、雷が鳴ろうが、それから丸三年半、開館時から閉館まで日々通った。

「韓国の歴史を少しも知らない自分は、韓国人ではない。そう思い知らされました。日々勉強すればするほど、知らないことが多くあることを識って、恥ずかしくなりました。イタリアなんぞに行かなくてよかった。つくづくそう思ったものです」

崔が抱いた感慨を聞いたとき筆者は、戦前戦後の朝鮮という風土から逃れた一青年が激しい知識欲、勉学の喜びに、ふるえるほどの確かさを覚えた心象風景を垣間見た思いだった。貧しい経済環境、政争に明け暮れて暮らす相克の日々、戦乱に生き、そして疲れきった若い学徒のうら寂しさをも見た。その寂しさは肉親や友人、先輩その他もろもろのしがらみに別れを告げた運命から生じた感情ではないはずだ。自分のたどってきた生活に欠けていたなにかが実感できたとき、過去を翻って反芻したときだけに実感される黒々とした谷間。その深みにこそ、崔書勉を寂しい思いに駆り立てた真の事由があったのではないか。

亡命の日々を埋める勉学、資料収集と整理によって自国の歴史をたどる生活に、彼はむしろ充実と自己転回の予兆を覚えたのだと感じる。自分になかったものを埋めていく充足感こそ、崔書勉を日本に根づかせた価値観だったように筆者は思う。別の表現をもってすれば、精神的に乾ききっていた崔書勉は干からびた地面が清水を無限に飲み込むさまに似て、慈雨を得た喜びを伝えてくれる。彼の韓国における最終学府は延世大学だった。学ぶという純真な熱情を日本で再び取り戻した崔書勉は学問を友とし、学ぶ対象を韓国学と見究めつつ、人並みの淋しさを克服していったのだった。

「ソクラテスが汝自身を知れと言っています。お前は韓国人でありながら韓国について何も知らない。この機会に自分自身についてしっかり勉強しろ。そう言ったのがソクラテスだと気がついた」

筆者が言うのも変だが、図書館では偽名を使っていた崔書勉である。密航者という意識がそうさせていたのだが、すぐ露顕してしまう。ほぼ毎日通ってくる崔青年に注目する女性がいたのも決して不思議ではないだろう。その人の名を吉田フミという。彼女ら図書館に勤めていた女性職員はいち早くサイさんと本名を日本式に発音して呼んでいたが、フミだけはチエさんと呼んでいた。韓国語式ならばチェさんなのに、千枝というように呼ぶのだ。そのころ五十歳くらいに見えた吉田フミは若い女性職員から「才色兼備の、高貴な方」と評されていた。アジア・アフリカ課（AA資料課）に勤務した建部喜代子は世田谷区下馬に住みバスと地下鉄を乗り継ぐ出勤ルート上でしばしば吉田フミに出会った。

ある日、気を許したのか、吉田は建部に話しかけた。

「私の家に韓国政府の要人とおぼしき人物とその家族が一緒に住んでいるのよ」

いつのまにか崔書勉は安全で快適な家を見つけていたことになる。建部が吉田からチエさんを紹介されたとき、肩書きを「東京韓国研究院の院長さん」と聞いた。目黒区のはずれで世田谷区に接する東山あたりに吉田フミ邸があり、崔は朴順玉夫人との間に二人の男の子、ポールとエンディをもうけていたという。いずれも日本に来てから生まれた子どもたちだ。

キリスト同信会伝道者だった藤尾正人が書き残した文献によれば、崔書勉は故郷江原道原州にちなむ「江原道開発公社」の東京事務所長かなにかで、銀座から晴海通りを勝どき橋方向に向かって横道に入った古びたビルに入っていたという。一九六六年藤尾は国立図書館調査局文教課長の職にあり、韓国初訪問のため招請状を斡旋してもらう用件で崔を訪ねた。崔は早速学生時代に兄事した大韓教育連合事務総長鄭泰時（チョン・テシ）に連絡を取り、藤尾のために招請状を取ってくれた。大きな机に陣取っていた崔は机上に置かれた名札に似合わず文人的雰囲気を漂わせており、次に会ったときには東京韓国研究院の看板をぶら下げた狸穴の古びた邸宅で同じように大きな机を前にそりかえっていたという。

　建部も藤尾も崔書勉の日常に直接触れるチャンスは滅多になかったとはいえ、現在の永田町に国立図書館本館が移った昭和三六（一九六一）年当時すでに吉田邸に寄宿していたのだから、日本人社会への同化はきわめて早かったと思われる。建部も事務所や東山に何度も資料を運んでは家族と親交を深め夫人について「チャーミングな美しい方で、日本語の発音がとてもきれいでした」と印象を書いている。一九六四年東京がオリンピック開催で盛り上がっていたころ、生まれ育った韓国忠清南道を初めて訪れた建部はもちろん崔書勉の手厚い尽力で夢を叶えたのだった。

年齢不詳

　崔書勉はいつ生まれたのだろう。成人して後、誰しもが知りたがった質問である。本人は固く口を閉ざして語らない。韓国でも日本でも多くの人が疑問としたのに、笑って聞き流す。「月刊朝鮮」の呉東龍記者は一九二六年説を唱えるが確かな裏づけはとれていない。最近都心の麻布十番にある薔薇屋で会したとき、「崔さん、生まれ年はいつなんですか。なぜ秘密にするんですか」と形を改めて問いただした。

「私は日本に来た一九五七年五月二十七日、若かったですよ。偉い方々にお会いする機会が増えたころ、相当に日本社会の風習も学んだうえの考えとして、あまりに若いと相手にされないという判断が働いた。そこでね、実年齢よりも年寄りに見せかけるメリットを採用したんだよ。金大中（大統領）は若く見えたが実は年寄りだった。彼もまた生年月日を隠したんだ。政治家は若さが一つの武器になるでしょう。朴正熙に挑んで大統領選挙を戦った。若さを売りものにする必要があったんだね。だから若い方にサバを読んだ。彼についてもいろいろ説があるね。亡くなったおり、年齢はどうしたんだっけな」

年齢を問われるとまるで他人事であった。

人の推理を黙って聞き、ニヤリと笑う。決して真実を語らない。

「日本で私がいくつか知るものはひとりもいない」

年齢にこだわりを抱く日本人としては扱いにくい相手だが、年齢不詳を人生を切り開くうえで武器としてきただけに千金の重みになっている。北朝鮮を訪問してノーベル平和賞を得た金大中とは五六年からの知人だが、ここでは本国での不遇を日本でかこっていた金大中の身元保証人は崔書勉だった、とだけ記すにとどめる。

しかし、九十歳になり、日本人の友人たちから祝福を受けた時、崔は生年月日が二つあったと漏らした。一つは三月二十八日、もう一つが四月四日である。日本支配下の青少年期のころ、親は日本式の誕生日を用意して表向きのありようを示す必要があったようだ。その代り韓式の守礼はきちんと残してくれた。「私の誕生日は四月四日です」そういいながら生まれ年には言及していない。

さて朝鮮半島全域で深化していた学校教育は日本語使用を義務づけ、朝鮮人に対する皇民化努力が同化教育重視の形で進行した。二〇〇九年秋NHKが放映を開始した「坂の上の雲」（原作司馬遼太郎）に視聴者は熱狂的な反響を示し、次の放映を待ちわびる期待感が拡大した。一九〇四（明治三七）年二月から始まった日露戦争の本質は日本の朝鮮支配実効化を開始する合図みたいなものだった。一九一〇（明治四三）年八月二十九日、韓国併合条約が公布されると朝鮮は完全に日本の植民地となり、爾来学校では国語（日本語）普及を目的として朝鮮語や漢語よりも日本語習得時限に多くの時間を割いた。

いずれにしても、二ヶ国語を自在に操る術を手中にしたことが崔書勉の人生でどれほど役立ったか、当時、本人はいささかも自覚していなかったろう。

右を見ても左を見ても存在するのは自分だけという孤高の生活を異国で開始した崔書勉にとって、唯一の自在さは習得し身につけた日本語という基盤だった。

暴走大統領の運命

彼の祖国大韓民国では与党自由党選出の李承晩大統領が五八年一月、国家保安法違反容疑で曺らを逮捕し、進歩党の政党登録を抹消して非合法化した。こうした政局を背景に韓国を脱出した崔書勉を追うように、曺奉岩は五九年七月死刑になっている。

崔が田中耕太郎最高裁長官のはからいで日本滞在となった翌年の五八年五月、与党が提案した国家保安法改正案をめぐって野党議員が国会で籠城し、これを排除した自由党が単独で可決してしまう。議会制のルールを無視した与党の姿勢はカトリック系京郷新聞を廃刊として張勉副大統領に挑戦した。正副大統領を独占するネライから第四代大統領選出の選挙を慣例より早めて六〇年三月投票とし、副大統領候補李起鵬（リ・キブン）の応援に死力を傾けた。

投票日の三月十五日、野党民主党立会人が退去させられた馬山投票所事件をきっかけに市民デモが発生し、たちまち抗議のデモは釜山、大邱、光州、大田、ソウルに拡大し、戒厳部隊に出動命令が下った。軍はしかし中立を決めて静観した。日本でも安保闘争で大学教授ら文化人が立ち上がったように、ソウル大学では全国から集まった大学教授二五九人が時の政府を強く批判する時局宣言文を発表した。

世論には屈したくなかっただろう。だが李承晩の命運も尽きた。世に四月革命と呼ばれた市民運動代表者らからなる代表一四人を受け入れると、彼らは大統領官邸青瓦台で辞職を勧告した。四月二十七日李は大統領を辞任した。五月二十九日米国に亡命する。

ハガチー事件などによって日本訪問を断念した米国のアイゼンハウアー大統領が急遽韓国を訪れた六〇年六月、すでに李の影すらもなかった。外相だった許政（ホ・ジョン）が暫定内閣を構成し、改正憲法を採択して、第二共和制が尹潽善（ユン・ボソン）を大統領、張勉を国務総理（首相）とする体制で発足した。新体制を米国はいちはやく支持した。民主化と革新勢力の拡大が顕著に現われ、西欧諸国からは「最も良い形で民主国家への道を切り開いた時期」と高く評価された。

国内的には、一方、張勉の無策と北朝鮮への融和的姿勢が新たな批判を生む。教員組合の結成、左翼政党の林立、学生運動への甘い対応、南北統一選挙への願望などが一気に表出してくると、不安感が底辺をうごめき始めた。李時代への徹底粛清が足踏みし、米国が北朝鮮を国連に参加するよう動くなど国際情勢も韓国の一部を強く刺激した。経済も悪化の一途をたどった。国全体が弛緩し始めたとの認識は軍人らの危機感を煽っていく。

軍内部でも腐敗が進んでいた。韓国自力で初めて国軍幹部を養成したとき躍り出たといわれる金鍾泌中佐ら陸軍士官学校第八期生を中心として粛軍の気風が芽生え、釜山軍需基地司令官朴正煕少将指揮の下、クーデター軍が蜂起した。六一年五月十六日、部隊はソウルを無血占拠した。

釜山の閑職に追いやられていた朴少将の指揮ぶりは冴え冴えとしていた。当初担いだ将軍が張都暎（チャン・ドヨン）陸軍中将。軍事革命委員会議長名で三つの政策、反共親米、腐敗・旧悪一掃、経済再建を掲げた。これらは四月革命の進行と同時にひそかに練り上げた政策だった。さらに闇取引の摘発や風俗店の摘発を断行、「ヤクザもかなわぬ朴将軍」といわれた。

朴の父親は墓守で五男二女をもうけ、彼自身は末子である。一九一七年十一月十四日誕生した住所を大日本帝国慶尚北道善山郡亀尾という。猛烈な貧乏暮らしを経験し、小学校に通学するのに弁当を持っていけない日が多かった。それでも優等で卒業した朴少年は一九三二年大邱師範学校に入学する。七〇生徒中ブービーの六九位で終えると故郷に近い聞慶国民学校に奉職して三年間教鞭をとった。

どう考えても無理に勤め上げた教員生活だったようだ。日本が創設した満州国を見ると血が騒ぐのである。四〇年四月朴は新京軍官学校に入学、今度は二四〇人中一五位で卒業した。横滑りして日本陸軍士官学校五十七期卒業生と肩を並べ、日本名高木正雄は三位で卒業した。帰国して満州国軍歩兵第八師団付きとなり、四五年八月中尉に昇進した。故国解放後の四六年九月国防警備隊士官学校（二期）に入り、十二月には大尉となって陸軍軍人の道を問題なく歩み始める。

しかし、人生は異なものだ。同年十月、実兄朴相熙（パク・サンヒ）が共産党幹部として警察によって殺害されるという事件が起こる。口惜しい思いを抱きながら過ごすうちに大韓民国が四八年成立する。彼は軍籍のまま南朝鮮労働党（共産党）に入党し、軍内細胞として主要な役割を演じてしまう。これが粛軍によって暴かれ、逮捕された朴正煕は軍法会議に身柄を移され死刑を宣告された。一説には無期懲役刑だったともいわれるが米軍政下の裁判だったことが幸いした。共産党内部情報の積極的提供と北朝鮮の情報に通じている点が米軍に高く評価され、釈放となり、次いで陸軍少佐戦闘情報課長に返り咲いた。五〇年のこのころ、再婚相手となる陸英修と結婚している。

軍務を着実にこなし始めた朴は五一年韓国陸軍本部作戦部次長、五三年には将軍の仲間入りを果たして准将に。どのような心境が米国行きをもたらしたのか、同年、米砲兵学校に留学、二年後第五師団長、さらに五七年陸大を卒業するとすぐ第七師団長へとめまぐるしい。少将任官は五九年だったようだ。それまで六年を要した計算になるが、その後はむしろ閑職といわれる釜山軍需基地司令官に就任するなど軍の裏街道を歩んでいる。六〇年十二月第二軍副司令官ともなり、クーデター最高指揮官となって国を背負うこととなった。

朴の片腕となった金鍾泌との関係で見ると、後輩の十一期生には後に大統領となる全斗煥（チョン・ドゥファン）と盧泰愚（ノ・テウ）が学んでいた。革命に成功した軍部は五月十九日国家再建最高会議を設置し、七月朴自身が議長に収まった。朴はまた六月、中央情報部（ＫＣＩＡ）を発足させ、初代部長に金鍾泌をあてた。

尹大統領が六二年退くと朴は大統領権限を代行し、第一次五カ年計画を策定した。経済再建の目的を重工業の実現に置き、そのための資金を確保するため金鍾泌情報部長を訪日させ、ときの大平外相との間で対日請求権交渉に当たらせたのだった。朴議長が正式に第七代大統領に選ばれたのは六三年十月だった。

日本滞在三年目であったろうか、台湾でキリスト者の会が開かれ、崔書勉は韓国天主教の方針もあってこれに参加した。台湾の枢機卿は自分の演説枠をこの青年に譲り、自由に発言するよう崔を励ました。若い崔書勉は演壇に立つ。

「韓国にはいわば神話かも知れないが、理想とする精神的指導者がいた。檀君という。檀君は建国の理想をこの八文字に表現した。『弘益人間／理化世界』自分の信じる宗教がなんであれ、檀君の言わんとするところは、これからの世界は韓民族によってのみ理のある世界を実現できるということである。見よ、檀君の言葉に主語がないことを！」

すでにこのころから崔書勉は話術を身につけ始めたといえる。相手をけむに巻く天性は、自信も持ち得なかった青年期から得意技となっていたのだ。

第五章　名士交流

金日成将軍の歌

日本人は滑稽な面をたくさん持っている。いまでも大騒ぎする憲法について明治時代後期の日本人は、大日本帝国憲法をお祭りの軸に据えた。

「なんでもケンポウというありがたいおふれが近くお上から出るらしい」

うわさからうわさへ、コトは広まるものであったらしい。

いきなり武士から刀剣を取り上げても反発を招くとみたのだろう、明治新政府は明治四（一八七一）年、「散髪脱刀勝手次第」という布告を出した。廃刀令のあと巡査の帯剣が開始されるまで、髷も自由、刀剣二本差しも勝手とした。五年かけてから強制的に刀の持ち運びを禁止したのだが、大礼服着用者、軍人、巡査はずっと例外扱いだった。筆者の大伯父石光真清も少年のころ一本差しで遊びまくり、チャンバラ絶対観に彩られた熊本神風連という士族の反乱に興奮していたという。

明治憲法制定は明治二二（一八八九）年二月十一日。翌年十月二十九日に施行されている。近代化にはほど遠い庶民感覚からすればたった四人で作られた最高法規の中身など知る由もなかったのだろう。四人とは伊藤博文、井上毅、伊東巳代治、金子賢太郎で、研究と起草に当たった。審議したのは枢密院である。議員数も二〇人そこそこだった。

誰も内容を知らないのにお祭りだけは最高潮に達したのを見て、明治医学校教師だったドイツ人医師ベルツは日記に、「東京全市は十一日の憲法発布を控えてその準備のため言語を絶した騒ぎを演じている。いたるところに奉祝門、照明、行列の計画がある。だが滑稽なことは、誰も憲法の内容を知らないことだ」と書き記した。

日本国憲法ができると、日露戦争を侵略戦争と決めつける乱暴な歴史観が生まれた。これも、日本人の滑稽な一面だ。日本の独立にとって必要だった武力行使を侵略といいくるめる第二次世界大戦後の恥知らずな歴史観は一本調子の武力なき平和至高論を普及させた。戦後のアメリカ型民主主義と仕組み、その下で育ってきた悪しき個人主義の横行に憤慨して、東京軍事裁判史観なる批判を巻き起こしたのもつい昨今の日本人的現象だった。そのくせ自主独立を国民皆兵といった軍事力強化に結び付けようものなら、日本国からたちまち逃亡するやからが文化人を標榜する論者の裏精神なのである。

辺野古~辺野古へとふらついた鳩山由紀夫首相が滑稽をさらしたのも、自主独立――自前軍事力整備を言わないで米国の安全保障に乗るだけのずる賢い日本人を目覚めさせられなかったからである。本人ご自身が「米国の核の傘の下」にしがみつくしかなく、新たな対米姿勢を樹立できず、政権を放り出した姿は滑稽を通りこして悲劇的ですらあった。

岸信介が首相に選ばれたとき、戦犯同等の政治家が復活した無節操さに腹を立てたのも、一貫性を失った日本人の滑稽さを示している。いったん米国は彼を公職追放とした。朝鮮戦争が始まった一九五〇年六月二十日、第一次追放解除が行われ、岸は重光葵、石橋湛山、正力松太郎ら政財界のかつての指導者二九〇〇〇人余と共に復活した。それだけの話だ。石橋、重光らを責めたてないで岸だけを槍玉にあげたのは、差別である。政界に復帰した事実だけ言えば十分だろう。改進党と日本自由党が解党し、これに自由党の鳩山・岸派が加わって「日本民主党＝衆参一四〇人」が結成された昭和二九（一九五四）年十一月二十四日、岸は総裁鳩山一郎を助け、副総裁重光葵と力を合わせて幹事長に就任した。七年間におよんだワンマン吉田茂政権の終焉は同年末十二月十日に成立した鳩山一郎内閣の結果であった。

総選挙に大勝した民主党と第二党に落ちた自由党は保守合同を実現させて巨大な保守単一政党となり、その後宮沢喜一内閣が崩壊するまで三八年、日本政治を支配した。新保守党が結成された西暦一九五五年をとって「五五年体制」と呼ばれた。崔書勉の日本密入国は左右社会党が「日本社会党」に統一となった一九五四年秋以降のいわば自民党単独政権長期実現時代に期を合わせていたことになる。当時社会党の衆議院勢力は一五四人、憲法改正の発議を不可能にする三分の一を占めた一点で僅かに憲法改悪攻勢には耐え抜いていく。首相は石橋湛山から岸信介に変わっていた。

在日朝鮮人の北朝鮮への帰国を政府が認めたのは昭和三四（一九五九）年四月十三日、第二次岸内閣のときだった。今上天皇皇后ご成婚の三日後である。荒れ狂う六〇年安保闘争に先んじて一点の光明を灯した皇室の慶事を経て、政府は日本赤十字社に帰還業務を全面委託した。

共同通信社会部で俄然多忙となったのが唯一の社会部婦人記者椛島敏子だった。日赤社会部に日参し、朝鮮総連を訪ね、北朝鮮系帰国希望者リストの作成など情報入手に精をだした。敗戦のころ概算だが在日朝鮮人は二四〇万人ほどの規模だったといわれる。解放された彼らのうちほぼ一七〇万人が自分らの財力で帰国したといわれる。残ったのは約七〇万人だ。主権を失い占領下に入った日本にはもはや帰国業務を独自に遂行する力はなかった。朝鮮自体が南北に分立し、朝鮮戦争が起きた情況の下では中断するしかなかったのだ。

ところが五二年四月日本が国際社会に復帰を果たし、五三年七月に朝鮮動乱が終息すると、北朝鮮の呼びかけが盛んになった。

「君たちの祖国は桃色に輝く幸福の里、やさしく、うつくしく、世界で唯一の桃源郷。私たちは君らを迎える。温かく、熱烈に」

このような宣伝宣撫工作が朝鮮総連を通じて彼らの上に乱舞した。日本の誰しもが、宣撫工作の実態に目を向けなかった。疑うことすら放棄した。われわれ新聞記者、報道に従事する者まで北の宣伝通りに筆を躍らせた。五九年八月、日本赤十字社と朝鮮赤十字会が在日朝鮮人の朝鮮民主主義人民共和国への帰国に関する朝鮮人帰国協定を締結した。

田英夫《でんひでお》社会部デスク（後のTBSニュースキャスター、参議院議員）が陣頭指揮を執る総勢二一人の取材陣に筆者も加わっていた。在日韓国居留民団の反対が強かったことから総連と民団との衝突を予想して新潟支局員、アルバイトなど大量四〇人を束ねたのが田デスクだった。

港からそれほど離れていない空き地に一時収容施設が設けられ、一番若い私と遠山芳春は交代で詰めたものだ。旅館には戻るのだが、在日の人々が発する体臭はクサイなんて代物ではなかった。キムチとニンニクにまみれ、総連の指導者が音頭をとる「金日成将軍の歌（キム・イルソンチャン・ガ）」を高唱する帰還者たちにもまれ、いまでも耳にこびりつく歌詞を覚えてしまった。間違いもあろうが、記憶をたどると、ひもとけば、このような言葉の羅列だった。

チャン・ペク・サン　チュルギ　チュルギ、ピオ　リン　チャ　ウ。

アップノッカン　クビ　クビ　ピオ　リン　チャ　ウ……

大量拉致だった北朝鮮帰還

長白山といえば白頭山の中国名である。聖山といわれる朝鮮側は奇岩直立するけわしい山容を見せ、中国側は東北地方吉林省に属するなだらかな斜面を擁している。二〇一〇年八月この地方を訪問した金正日（キム・ジョンイル）総書記は父である金日成将軍が学んだ小学校をも視察した模様だった。金日成率いる抗日戦の象徴である白頭山を金日成将軍の歌ではなぜチャン・ペク・サンとしているのか、多分彼が満州を根城に抗日・革命活動を繰り広げたからであろう。

さて前夜祭と称して朝鮮総連が主催した歓送の儀式は北朝鮮国旗を林立させ、舞台に解放の喜びを称える芝居を載せ、咆哮に近い演説が糸目付けなく続くものだった。帰還第一船はソ連配船のクリリオン号と貨客船トボリスク号だった。帰還船クリリオン号の入港するさまを見ていたが、暗闇に明滅する窓辺の明かり以外はほとんど人影も見えず、まことに不気味な船体だった。

翌朝、新潟港は船上から投げられた無数のテープと端を握り締める三千人の見送りでごった返し、バンドが高音で奏でる北朝鮮の歌に包まれて、ただマンセー、マンセーの声だけが筆者の耳に哀歓を伝えた。

多くの若者が日本海海岸から北朝鮮に拉致された現実を最近の日本人は直視している。ようやく明るみに出た個々の拉致事件とは性質を異にするかもしれない。だが在日朝鮮人約一〇万人の北朝鮮送還は合法的なだましの手口で公然と行われた国家規模の犯罪行為だった。桃源郷とあおりながら、必要な技術労働者を最低の待遇で大量入手した北朝鮮を手厚い人道主義国家とたたえたのが筆者たち新聞記者だった。現実の北朝鮮社会を知る努力を放棄し、無垢な人々を地獄に送ったのである。筆者は犯罪の片棒をかついだような気持ち悪さを捨てきれない。

第一船出港直後北朝鮮政府とのバーター取り決めで平壌《ピョンヤン》に入った一年先輩の村岡博人記者は帰国者が一五万市民に迎えられた熱烈歓迎式典の現場を踏み、案内されるまま視察した生産工場についてうわずった記事を送ってきた。新聞記者が等しくのせられた北朝鮮賛歌くらい恥ずべきものはない。当時お先棒を担いだブンヤはすべて北朝鮮の御用記者に成り果てていた。筆者ですら八十三歳、多くの関係記者は反省する場も失っていよう。だが、猛省を迫られている側面を誰が否定できるだろうか。

やがて自前の万景峰号が就航するようになる。新潟航路で日本人が露ほども気づかない大小さまざまな出来事が船内で繰り広げられたことと思う。大阪湾に立ち寄り、文世光を乗船させてピストル発射訓練から韓国入国、光復節式典会場への侵入を手ほどきした朝鮮労働党対外部局の工作員を思い出せば足りるだろう。

事実、彼らは日本海をわが者顔に使いこなし、新潟を中心とする海岸から若者らに布をかぶせ、拉致して船で北朝鮮に送り込んでいたのだ。つまり合法的に手に入れた一〇万人では不足する何かがあったということであろう。新聞記者の一人でありながら、新潟県内拉致事件の多発を見逃した報道界に、いまさらながら絶望を覚えるのは単に筆者だけではあるまい。当時、たとえば共同通信社を点検してみると、東京本社編集局にニュースとして上がってこなかった事実に行き当たる。地方処理のまま中央に集められなかった個々の拉致事件は多くの報道関係者が知らないまま葬り去られていた。

編集局長が命じなければ動かない地方支局という問題点も忘却はできまい。また地方記者に分析を含めた視野に立つ記者道を期待しなかった中央の怠慢も加味されて良い。が、システムとして調査報道の真髄から大きく外れていたのが当時の編集活動の実態という弱点を見失ってはなるまい。ひとりの記者がじっくりと同じ性質の、多発する拉致事件を分析し、冷静に取り組んでいれば、少なくとも一連の事件の背後に日本海が大きくモノをいい、その先に北朝鮮があることを感じ取れたはずだ。新聞種は官憲から与えられるもの、そのような甘えの構造が記者を怠慢の淵に追いやっていた。問題は官憲そのものにあったとも指摘しておこう。日本の海岸線防衛力・警備力は無きに等しかったという事実だ。いいようにやられてから、北朝鮮は日本の国権を侵した、と言い張る。恥ずべきは記者のみならず、政官界に及ぶ。

岸信介の謝罪

日韓正常化交渉が始まったのは昭和二六（一九五一）年十月と古い。だが吉田茂時代には実績と評価できる動きがない。岸信介内閣は国策研究院を立ち上げた矢次一夫を特使に任命し、李承晩のもとに送り込んだ。明治三二（一八九九）年佐賀県に生まれた矢次は何故か「浪人政治家」と呼ばれたものだ。一九二五年労働事情調査所を創立して労働週報を刊行するかたわら野田醤油争議、共同印刷争議、日本楽器の対立騒ぎなどの調停に当たった。簡単に言えば無産階級から軍人まで広い人脈をつかみ、評論家大宅壮一が「昭和の怪物」と評したことだった。台湾政財界とのパイプも太く、保守派と近隣諸国との交接に対応した。矢次は対日嫌悪感をあらわにする李承晩大統領を相手にひたすら低姿勢を守った。ゆえに「土下座外交」と揶揄されたものだ。

岸は満州で暗躍していた時代の矢次を知っている。二人は太いきずなで結ばれていた。嫌日で凝り固まった李承晩をどう解きほぐすか、岸は一計を与えて個人特使として韓国に派遣した。当時韓国の外交部長官（外相）だった金東祚（キム・トンジョ）が一九九三年に著した「韓日の和解」

によれば、驚くべし、山口県で同郷の大先輩伊藤博文が犯した過ちを遺憾に思うとの岸親書を渡し、さらに口頭で直接大統領に伝えたのだった。その時期は一九五八年五月である。この日より四年半余り前開催された第三次日韓交渉の冒頭、日本の首席代表・外交官久保田貫一郎は、植民地時代に日本が朝鮮で使った巨額な支出を受けながら対日賠償を要求するなら、その分を相殺すべきだと述べた。韓国代表団は激怒して席を立ち、会談は長期の空白を生んだのだった。

地球が存続する限り日韓が隣国同士という関係は終わらない。両国が提携出来なくしてどこに世界平和があり得るのか。岸はそう考え、久保田発言撤回を決断した。こうして岸親書に添え自筆の「初心不可忘」を矢次に持たせ、個人特使として一切を任せたのだった。

身をかがめて大統領に会った矢次はこう述べている。

「閣下が指導されなかったならば、韓国はとうに共産化していたでしょう、全自由世界陣営の偉大な反共闘士である李大統領に接足礼《せっそくらい》を申し上げ、ソウルか東京で日韓首脳会談を開催したいと、岸は望んでいます」さらに語を継いだとき、李大統領の気持ちは大きく和らいだ。「日韓間の現代史上、両国関係を悪化させた伊藤博文の同郷人として、韓国に対して犯した過ちを遺憾に思っており、その過ちを是正すべく努力しています」

李承晩はあっけにとられたように小柄な身をかがめて真剣に訴える矢次を見やった。

「そうですか、岸さんは韓国及び韓国人の心を一番理解している政治家だと思います」と、語った。

岸は謝罪の件については一切発言せず、墓場に持ち込んだが、韓国側有志の資料では以上のようなやり取りが行われたことは確かである。

木内信胤と会う

国立国会図書館に通いつめていた崔書勉はある日、都心で開かれた講演会に顔を出した。当時大変著名な評論家であった講演者の謦咳に接し、熱心に聞き入る聴衆とも語り合うチャンスがあった。そのときお互いに名乗りあい、名刺を交換した相手に木内信胤がいた。木内の肩書きは世界経済調査会理事長であった。初対面の印象から木内は「この人物は研究に値する」と確信し、自ら積極的に崔書勉を迎え入れる姿勢に転じていく。

木内信胤といえば農政学者のイメージが私には濃かったが、二人の交流は崔書勉のその後を切り開く意味と力を備えていた。また当然といった流れから矢次一夫も崔書勉に懐を開いた有力者だった。二人の間にはかなりの年齢差が横たわっていたと見られるが、矢次は全く対等の人間として崔書勉青年を遇したといわれる。

「立派な方だった。紳士であり、実力をひけらかすことなく、ひたむきに日韓国交回復のために努力を惜しまれなかった」

崔書勉はこのように述べ、人柄を懐かしんでいる。

友人一人とてない東京暮らしが始まったとき、日曜日ごとに崔書勉夫妻を招き、ドライブに誘い出した人物が駐日ポルトガル総領事であった。行き先は山か海だった。東京を知り、近郊を眺めるにつれて、関東圏という地理に詳しくなっていく。旅券がないため出国できない崔書勉の身元保証人となって日本にとどまらせた田中耕太郎最高裁長官は隣国から飛び込んできた若者に提案している。

「何回か韓国に行ったことがある。でも心から知り合った人は今日まで一人もいなかった。ちょうどいい機会だから君と僕とで勉強しよう」

提案を受けて二人の間で勉強が始まった。

最初に選ばれたテーマが金玉均（キム・オッキュン）だった。東京本郷の真浄寺住職寺田康順も参加して勉強はしばらく続いた。住職の四代前に当たる寺田福寿住職が京都から上京して慶応義塾に留学した間の明治一二年、福澤諭吉邸に書生として寄寓したのだが、すでに金玉均が同家に住んでいた。不思議な縁から二人はすっかり意気投合する友人となった。檀家の一人だった犬養毅が二人に加わって、胸襟を開きあった姿にこの時代を特徴づける人的交流のさまを見る思いである。こうした過去の出来事が崔書勉、金玉均の墓守だった住職、それに田中耕太郎を結びつけたのであった。

李朝時代後期の開明派として知られる金玉均は一八八二（明治一五）年二月から七月まで日本に遊学した際、福澤の恩顧を受けた。明治維新を模範として中国「清」からの独立と朝鮮の近代化を目指した。八四年ベトナムを巡る清とフランスが対立した甲申事変をみたとき、閔妃政権打倒クーデターの挙に出たが、わずか三日間で倒され日本に亡命した。岩田秋作と名乗った日本では東京から北海道、小笠原諸島を転々とした記述がある。当時の韓国政局で与党だった政党に拉致され、上海で閔妃が差し向けたテロリスト洪鐘宇（ホン・ジョンウ）にピストルで暗殺されてしまう。遺体はばらばらにされ肉体各部位が広範囲に曝されたという記録が残っている。

最近西東京日韓親善協会連合会の福田之保事務局長が掴んだ資料によると、処刑、逃亡、あるいは行方不明とされてきた未亡人と子どもは一八九四（明治二七）年十二月忠清道沃川付近で日本軍によって発見、保護されていた事実が判明した。東学党の残党狩りに出ていた間の発見だったという。

青山墓地内に墓を建てた尽力者は犬養毅、頭山満らであった。衣鉢と髪の毛が金を敬愛した日本人和田延次郎や甲斐軍治によって持ち帰られたからだった。

安重根研究で打開を

縁というものは不可思議な絆を生む。生涯心の友として崔が交際した木内信胤。彼の夫人は福澤諭吉の孫に当たり、彼女の母、つまりは福澤諭吉翁令嬢が多年港区飯倉、現在の狸穴にある外交史料館裏手あたりに住んでいた。木内家はさらに数十メートル北に入った場所にあり、互いに楽に歩いて行き来できる距離である。一部三階建ての瀟洒な洋館がやがて崔書勉に提供されることになる。

国立図書館に通う日々、読んだ本について細かくメモする崔書勉だったが、「韓国人なのに韓国をなにもしらない。この機会にしっかり勉強しろ」という教訓を積み上げていく。己を知る励ましは単に崔書勉を図書館に縛り付けただけではなかった。暇さえあれば神田の古本屋街を歩き、一店一店しらみつぶしに韓国関係の文献あさりについやした。本国から流出したに違いない由緒ある掛け軸など美術品、昔に描かれた半島地図など、見つければ購入した。

大きな成果が一九六九（昭和四四）年、貴重な資料発掘という形でもたらされている。

親日だったのか反日だったのか、金玉均について日本人の評価は割れていた。この事実から何事かを学んだとするならば、ハルビン駅頭で伊藤博文元首相を射殺した安重根（アン・ジュングン）について日韓両国が等しく認める座を確立してこそ、強固な日韓関係が築かれると信じた崔書勉の心に学びの成果が発見できる。

既に定説となっている歴史的事実ではなく、自ら発掘した資料で事件の本義に迫り、日本ではテロリストとしか評価されていない安重根の人柄に迫ろう。このような方針を胸に古本屋をさまよっていた崔書勉はついに安重根の獄中日記を発見したのだ。日韓双方が認める安重根を、本当の日韓関係の礎にしたい。崔書勉は貴重な資料発掘にあたってこのような思いを強めたのだった。その手法の一つが旅順監獄で服役中、どのような人間関係を看守、警備員、所長といった人々と培ったのか、迫っていく道につながった。歩けば歩くほど、タカラモノに遭遇していく。

やがて安重根研究会の存在を知り、会長安藤豊禄にも出会った。当時小野田セメントと称した大企業の社長である。若い時代韓国に赴任した思いを描いた著作もある。

崔書勉の世界は急速に広がった。太田亜細亜大総長の知遇を得たことから崔書勉は亜細亜大学に講座を持つことを許され、発表の場を確保している。

このころホテル・オークラ裏手のマンションに住んだ。この年の夏、東京夏季オリンピック競技大会が開催された。ご成婚以来世は挙げてＴＶ時代に突入していたが、五輪報道の展開によって本格的なテレビ社会が形成されていった。経済拡大基調が定まろうとしている。東京〜大阪を三時間余でつなぐ新幹線が開通して大阪万博に備えるなど、佐藤栄作首相は拡大基調の上に立った政治家だった。

崔書勉が師事した張勉博士の第二共和制内閣をめぐる評価は国内外で鋭角的に対立している。国際社会では韓国の民主主義が一段と進み、心豊かな時代が到来した時期だったとして賞讃する声が高い。国内では近代日本の大正時代に向けられたように、柔弱、放恣、勝手気儘、自由、平等、左かぶれといった罵声が加えられた。李承晩大統領を倒した四月革命の経過を踏むようにして、大韓民国陸軍の一部が政権奪取の青写真を描き、運動を強化していったことは先に触れた通りである。

ソウルでは学生たちによる南北朝鮮会議実現運動が大きなうねりを見せ、騒乱一歩手前だった。朴革命軍は首都を制圧すると直ちに国会を解散し空海港を閉鎖、金融の一時停止を含む腐敗と旧悪の一掃に乗り出した。

東京で崔書勉は眉をひそめた。テンから軍人嫌いだった彼にとって朴正熙という男からは野蛮人に近い印象を受けていた。強権発動による民主化分子弾圧の激しさを耳にするにつけて祖国の現状を憂慮し、張勉先生の安否を気遣った。軍事革命委員会は国家再建最高会議へと改変され、張議長を失脚させると同時に朴少将が議長に納まっている。政治活動は一切停止され、国家の機密を預かる韓国中央情報部（ＫＣＩＡ）が威力を発揮し始めた。朴の片腕であった金鍾泌部長と相談しつつ朴は直ちに訪米準備に入った。少将から大将に階級を上げたのは米大統領と肩を並べる必要上からだったといわれる。

金・大平会談

往路朴正熙大将は日本に立ち寄った。時の首相岸信介と会見し、早期に日韓国交を正常化させることで岸内閣の同意を取り付けた。まだ軍人のままであった朴議長の指示をうけて、金鍾泌中央情報部長が訪米の途次訪日したのは一九六二（昭和三七）年のことである。東京の地を踏むと彼は直ちに第二次池田勇人内閣の大平正芳外相との会談に臨み、対日請求権交渉に入った。当時の交渉内容を筆者はじかに金鍾泌から聞いたことがある。出発前、朴大将は、

「なんでもいい、日本から二～三億ドル持って来い」特使である金部長に言い含めたそうだ。

「特に決まった額を提示されたわけではないよ」そう筆者に断りつつ説明を続けた。

大平外相に向かい、単刀直入切り出した。

「いま日本の外貨保有高はいくらくらいあるのか」

「そうだな、十五億米ドルくらいかな」

「だったら、半分ほど出してくれ。兄貴分として当然だろう」

「ウーム、そうだな、でもね」

ムニャムニャ口ごもる大平の口から、

「五億ドル」という数字が出るまでいくらもかからなかった。

「多年に亘る日本支配から受けた損害を積算したわけではない」

金鍾泌は理論詰めの交渉ではなく、極めて情緒的な話し合いの中で日韓双方が妥協点を見出したと証言したのである。両巨頭はそれぞれの長に報告することとして、次のような結論を曝しあって話を打ち切る。

「どうだ、三億を無償、二億ドルを有償とするのでは」

「三億を有償にしないところがよろしい、それで決まりだ」

さらに日本が商業借款三億ドルの上積みを表明したことを受け、韓国はこの金額で対日請求権を放棄した。総額八億ドルはまさに日本が当時保有した外貨準備の半分を上回ったのである。

翌六三年八月韓国大統領選挙に出馬した朴議長は尹潽善を破って第五代大統領に就任した。日韓基本条約が締結されたのは六五（昭和四〇）年六月二十二日である。「締結金額が低すぎる」と野党などから怒号を浴びながら朴大統領は日本の力を借りて祖国再建に乗り出す方向に大きくカジを切っていった。

浦項製鋼所建設など当時にしてみれば夢のような重工業化への布石を打ち、ベトナム戦争に参戦するなどして韓国は「漢江《ハンガン》の奇跡」と呼ばれる経済興隆をなしとげていく。農村の近代化を目指したセマウル運動など最近、朴政治に高得点を与える空気が濃厚の隣国である。

しかし六八年正月には北朝鮮ゲリラ部隊による青瓦台（大統領府）襲撃事件に遭遇している。金日成将軍による南下政策と赤化工作の激化に対抗する手段として、重工業化、輸出振興に着手、経済面で北朝鮮を圧倒する方針を堅持する。

ここで登場した金鍾泌は二度にわたり国務総理を務め、金泳三、金大中両大統領と共に「三金」と称せられ、戦中派が築いた韓国近代政治の流れに身をおいて活躍した。蕎麦が無性に好きで、来日するたびにご一緒しては蕎麦を食したし、韓国を訪問すれば必ず夕食会を催して最近情勢を熱心に語った金氏もこのところ体調を崩して人と面会する機会を自ら閉ざしている。筆者が心に留めている談話を紹介しておく。

「日本は閔妃を殺害した。韓国人一派が皇居に乱入し皇后陛下を殺したら、あなた方はなんとしますか。人は歴史を正しく胸に刻み、しかし口に出して言うのではなく、胸深く仕舞って行動するのが良いのではないですか」

「互いに領有権を主張して議論する竹島について言えば、未完の解決という方途もあるのではないか」

金鍾泌流に考えれば、韓国に生を受け、伊藤博文を殺害した安重根は国母を殺して韓国を侮辱した日本に正面から立ち向かい鬱憤を晴らした義士であってテロリストではないのだ。日本軍人を殺害して大同江に棄てた金九もしかり。異なる国に異なる独自の歴史観が存する事実を受け入れてこそ、相手を思いやる素地を手にいれられる。この相互主義に立たない限り、日韓に正常な場は得られまい。

狸穴の研究院

「品のよい日本語を正確に話す方だなというのが初対面の印象でした」

安重根研究会の安藤豊禄会長はこう述懐したものだ。過去出会った韓国人に比べて、言語上の爽やかさを安藤は崔書勉に覚えていた。しかもなんとなく方言にあるような響きをにじませる崔の日本語にはなんともいえない良さがあると思い、好ましく感じたのだった。記憶によれば安藤が彼に出会った時期は昭和三九（一九六四）年である。安重根研究を韓国学の軸に据えた崔書勉について安藤は訪韓するたびにその人柄を語る人々の多さに驚き、耳を傾けた。誰の評をとっても崔は容易ならざる人材であり、学者であり、かつ志士だということが分かってきた。

「いい人が日本に来てくれたものだ」安藤はこのように総括する。

崔書勉が寄宿した家については触れた通りだが、記載住所で見当をつけるよりも「上目黒の」

と言ったほうがわかりがいい。崔に仕えた女性の一人藤原英子は韓国系帰化人の娘で、父親は韓国系帰化人の集まりである成和クラブ連合会山口県会長だった。彼女が結婚した一九七〇年三月ころ、ソ連大使館北側にあった福澤諭吉令嬢邸に東京韓国研究院が創立された。英子は研究院職員となり、上目黒の崔書勉書斎を掃除することも多かったという。英子に言わせれば書斎ではなく、「書物のお部屋」である。多くの本に囲まれた部屋を掃除していると、自分がとても偉くなった心持ちになったそうだ。彼女は知ったのだ。夢中になるものを持つことの素晴らしさを。

この部屋で取り組んだ大きなテーマが安重根研究だった。夢中になれるテーマである。

「安重根に関する崔書勉の深い見識については知る人ぞ知る。彼の努力を静かに眺めてみると、よくもあれだけの情熱を傾けたものだと思う。いまや多くの文献が続々として集められているが、そのいずれを見ても本当に頭が下がる」

安藤会長の言に対して、崔はこう言ったものだ。

「会長はね、お前が来るまではちっとも人が寄りつかなかったものだ。崔が研究会に顔を出すようになったら千客万来になったと。私はね、安藤さんを喜ばせてあげたのさ」

崔書勉氏に招かれて二、三度筆者も出席したことがある。開催場所は国際文化会館だった。産経新聞社友の藤田義郎、林建彦らに混じり陸寅修が参加しておられたとき、筆者たちは庭園で抱擁した。

東京韓国研究院が入居した洋館は三階建て。床面は柔らかな木製だった。明るい日差しの表から入ると、一瞬目くらになったかのような錯覚を覚える。

当初は余裕もあったが、総数で二〇万点を超える文献が集まると、風格に満ち満ちた家庭用邸宅といえども、研究院といった物差しには間に合わなくなる。書庫にぎっしり詰まった書物は崔書勉流の分類で整理はされている。だが、外部から訪れる閲覧者にとってみると、固定されていない流儀のせいか、前に見つけた資料は必ずしも同一場所に置かれていない。そうなると一からやり直して探すはめになる。大変な手間ひまを部外者にかけても主人公は平然としたものだ。好きなものは引っ張り出し、戻すときはその時々の判断で保管場所が変わってくる。

毎日多くの新聞や雑誌を相手に鋏を駆使し切り抜く。小さな記事でもずしりと重いものは重い。中身が貴重だからだ。なぜ貴重か、判断は崔書勉が下す。

一九七四年の陸英修暗殺と葬儀取材が終わると（第一章参照）、筆者は改めて韓国研究院を訪ね、院長に挨拶した。応対に出た事務員が佐藤洋子だった。

小柄で知的、しかも明るく、きびきびとした無駄のない動きと頭の回転で来訪者をはっとさせる切れ味を見せる。一種の才能である。院長が不在だと、なにかと気配りして待たせてくれる。会えないと分かるまで居候を決め込んだのは佐藤洋子の存在そのものが心地よかったからだ。なんでも体操の選手だったようである。がっちりとした足腰で三階まで平気で行き来し、疲れを見せたことがない。

「床がぎしぎしと音を立てるの。本の重量はすさまじいですね。お家が潰れはしないかしら」

佐藤が結婚するかもしれない、そうなったら研究院を辞職すると聞いたのは一九七五年に入ってからである。

よど号事件と金山駐韓大使

一九七〇（昭和四五）年三月三十一日午前七時三十三分羽田発板付空港行き日航三五一便ボーイング七二七－八九型機「よど号」（石田真二機長、江崎悌一副操縦士、相原利夫航空機関士、客室乗務員四人、乗客一二九人）は富士山頂付近を航行中、田宮高麿をリーダーとする日本赤軍派九人に日本刀、ピストルなどでハイジャックされた。彼らは機長に「北朝鮮のピョンヤン（平壌）に行け」と要求した。

わが国で初めての航空機乗っ取り事件発生で日本中が総立ちになった。給油の必要ありとする機長発言で福岡の板付空港に着陸したよど号から女、子どもなど人質二三人が解放されたものの、同機は午後一時五十九分離陸、北朝鮮に向かった。乗客に聖路加病院内科部長日野原重明博士、虎ノ門病院長沖中重則博士の顔が見えた。

石田機長は三十八度線を越えた韓国領空内で戦闘機が近接したのに気づいた。操縦士が親指を下に向けて合図している。同時に「こちら平壌進入管制。周波数を134・1MCに変更、これに従うよう」と指示を受けた。機は再び三十八度腺をまたいで南下を始めた。一連の動きから乗務員は韓国当局がよど号を北に飛ばせない作戦に入ったと察知し、そのまま金浦国際空港に着陸した。午後三時十六分だった。

北朝鮮人民軍に化けた韓国兵が「平壌到着歓迎」のプラカードを示して偽装するなど工作していたが、外国航空機の標識、ラジオから流れるジャズなどによって赤軍派もソウルの金浦国際空港に戻ったことを知る。

金山政英駐韓大使は事件発生の報告を受けると直ちに日本大使館内執務室を飛び出し、空港に車を飛ばした。そこで丁来赫（チョン・ネヒョク）国防部長官、交通部、内務部各長官が詰める緊急現地対策本部に腰を据え、緊迫した空気の中で日本政府の立場と方針を説明し、韓国当局の賛意を得ようと努力した。

日本からは運輸政務次官山村新治郎が政府関係者、日航幹部らと特別便でソウルに到着、韓国政府との協議に入った。筆者が働いていた共同通信社は水藤真樹太記者を派遣、水藤は金浦空港に張り付いた。陸英修大統領夫人暗殺事件のとき、筆者と同行した記者も水藤である。金山は第一に人質となっている乗客乗員の生命安全が講じられる必要を掲げた。ソ連政府や国際赤十字社にこのための斡旋を要請する一方、北朝鮮政府に「犯人の要求を入れてでも彼らの安全を保証してほしい」と申し入れた。

にもかかわらず、韓国軍当局は強制機内突入、正面突破作戦を掲げて譲らず、場合によっては人質もろともよど号を爆発する構えをちらつかせた。現場の国防部長官は硬い態度を崩さない。韓国では前年ＹＳ—11型機が北勢力によってハイジャックされ、関係した乗客らの解放が実現していなかった。面子から言っても、よど号をむざむざ北に送るなど韓国にしてみればできない相談だった。

金山大使はホゾを固めた。だが赤軍派九人相手の交渉は進展を見せず膠着《こうちゃく》状態に陥る。

飛行機を再起動するにはスターター（補助始動機）が必要だ。韓国側は機材の提供を拒否した。犯人らを北に行かせることを条件に人質らの人命を確保する。この線が日本政府の基本方針となった。北朝鮮政府は日本案を受け入れ、乗員乗客を日本に送り返す。北朝鮮は同意を示した。朝鮮赤十字社もこの案を支持した。問題は韓国の立場をどのようになだめ、合意させ得るか。ためらわず金山は電話機を取り上げた。直接青瓦台に電話を入れ、朴大統領を呼び出した。

「このときくらい緊張した場面はわが人生にもなかったよ」

後日筆者に向かい豪快に笑い飛ばした金山大使だったが、大統領は黙って金山大使の言い分に耳を傾けた。大統領は別の通信手段を用いて丁長官に実力行使を控えるよう指示した。

山村運輸次官は自ら志望してよど号に乗り込む。よど号は山村を人質に取り、他の人質を客室乗務員四人とともに解放することに同意した。四月一日には橋本登美三郎運輸相がソウルに飛んできた。微妙な交渉は二日までもつれ込む。身代わりとなった山村は同日午後六時五分犯人九人、乗客三人とともによど号で金浦空港を離陸した。同七時二十一分、有視界飛行の形をとりながらかすかに揺れる灯火を視認した機長は日航機をなんとか着陸させた。平壌空港ではなくその昔飛行場として使われた美林という飛行場跡であった。

北朝鮮当局は機が回収されると、態度を変える。もつれた様相を深めながらようやく四月五日早朝、「人道主義的観点から」と恩着せがましく機体と四人は解放された。こうして無事帰国したことでよど号事件は終止符を打つ。「男・山村新治郎」と歌われた山村は一九九二（平成四）年四月五日、次女（二四）に殺される。自民党訪朝団長として出発する前日だった。

自国の悪口を言わない

崔書勉自身の記憶によれば、東京韓国研究院が福澤諭吉令嬢の提供した私邸に創設されたのは一九六九（昭和四四）年である。崔が最初に手をつけた仕事が延世大学の朴大善（パク・テソン）総長と佐藤作慶応義塾大学総長を結ぶ姉妹関係の樹立だった。母校から寄せられたさまざまな支援に応えた崔書勉の努力は朝鮮半島問題の専門家小此木《おこのぎ》政夫教授の延世大留学実現に結実した。両大学交流史上初の出来事となった。

崔が日本に滞在するに当たって座右の銘とした教訓は、周易の「不忌其国」だったという。「外国に行って自分の国の悪口を言ってはいけない」という意味である。例えば自分が祖国を脱出する原因となった李承晩について滞日中一度も批判しなかった。国内に居住しながら抗日運動をするほうが国外で独立運動を展開するよりもさらに困難という見方も、崔書勉は身につけていた。そういう意味で新聞社東亜日報の社主であった金性洙（キム・ソンス）を崔は「火を内部で消すほうが外から消すより骨が折れる」といった意味に通じる代表的な人物に挙げる。

だが崔は公然と朴正熙をこきおろしたものだ。彼の発言を金山政英との出会いに拾ってみよう。金山は一九七二（昭和四七）年駐韓大使を最後に外務省から退いた。敬虔なカトリック信者だった金山は十指に余る子を為した。生活はいつも厳しかった。たしか同期であった澤田廉三大使らがポケットマネーを献じては支えてきたという美談が外務省に生きている。在任中の一九七〇年七月一日には金大中新民党総裁を打破して三選された朴大統領就任式に出席した佐藤栄作首相をソウルに迎えた。空港には金鍾泌国務総理が出迎え、首相一行は総理府を表敬後青瓦台で大統領との長い話し合いに入った。話題は南北統一問題から沖縄返還の影響、中共、国府問題など多岐にわたり、尽きないものがあった。

佐藤は日記（第四巻）で「若かった朴さんもだいぶ老けてきた。自分の顔は判らないが元気なこの人にもこの疲れがある。一寸、驚く」と記した。第三次佐藤改造内閣が発足する四日前の訪韓で佐藤はソウル（彼は京城と表現）の発展と高層ビルの出現に目をむいた。

崔書勉とのかかわりで述べるならば、佐藤が力点を置いて運営していた第二木曜日に開く二木会に木内信胤は常連として顔なじみである。

金山が任地に戦後第二代目の大使として着任したのは一九六八（昭和四三）年である。退官後の金山のために外務省はヨーロッパにある日本館館長職を斡旋する意向だった。こうした館の格は公使館同等なのに大使館並みに格上げするお膳立ても進んでいた。金山はありがたい話だが、自分は第二の人生を日韓親善のために尽くしたいと考えている、折角のご好意だからいったん受けて、任期全うしてから日韓親善事業に尽力する考えもあるだろうが、それでは気がすまない。じくじたる思いを抱きながら過ごしているうちに東京に韓国研究院というものがあると知り、訪ねる気持ちに駆られた。崔院長とは初対面であったが、胸中を素直に明かした。

大使とは任地で天皇を代表する立場である。「これは大変なことになった」と崔書勉は慌てた。大使経験者にはそれにふさわしい待遇を用意しなければならない。お引取りを願った直後、研究院理事長木内信胤に電話した。ほどなくして夜の会合がセットされた。場所は泉岳寺に近いコリアンハウス。理事長、院長そして金山大使が出席し時間も忘れて研究院の今後について話し込んだ。席上木内は「金山さんを理事に迎えよう」と提案した。金山はうれしくてしようがなかった。「実質的な活動を東京韓国研究院でやりたい」と覚悟を披露した金山に二人は、「では常務理事のポストで来てくれますか」と応じたのである。

その年の十一月には研究院の社会科学部門研究機関として国際関係共同研究所が設立され金山大使は所長になった。崔は三越本店に出向き相応しい家具を購入した。それまではすべて恵比寿にあった中古家具センターで什器を調達した院長だったが、初めて新品を金山大使に献じたのだった。金山は外務省に報告し、日本館長就任の話は消滅した。

研究院は増え続ける一方の図書を収容するには問題がありすぎた。福澤諭吉令嬢邸という由緒正しい建物がもし火災などの災厄に見舞われたら一大事である。貴重な資料を安全に保管し、発展させるためにはいずれもっと堅牢な建物を探して移転するしかない。そのような研究院の事情に没頭していた崔書勉に金大中拉致事件発生を教えたのは金山だった。

金大中拉致事件

東京都内で自動車に乗り巨体を預けていたとき、ラジオがけたたましく第一報を伝えた。金山は狸穴への直行を運転手に告げ、到着と同時に「君の友人の金大中が拉致された」と教えた。一九七三年八月八日午後十一時を回っていた。僅か九七万票で大統領選に敗れた金大中は韓国内にひそむ不穏な動きから身を守るため海外に避難、この日は梁一東民主統一党首に招かれ、梁が滞在していた千代田区内ホテル・グランドパレス二二一二号室で話し込んでいた。金山の記憶では日本に滞在すると必ず金大中は崔書勉を訪ねてきたものだった。だからこそ崔書勉の驚きは隠しようがなかった。

「まず、どうすればよいのか」金山は院長の意見を求めた。

「日本人に責任がある。日本国内で起きた事件だから日本人が解決しなければならない」

まるでせきたてるように、断固とした崔書勉の口調は国籍を違える韓国人としての気迫と鋭さに満ちていた。金山は初めて院長と自分との差を知る。

金山が八方手を尽くして調べたところ、犯人は韓国側のようだった。会談を終えて廊下に出てきた金大中に六人の男が襲い掛かりクロロホルムを嗅がせた。意識を失った金をどうやら車に乗せ、関西方面に向かったらしい。いやな予感を金山は覚えた。経済協力を通じて順調に発展してきた日韓関係は損なわれ、悲劇的な方向へ転回するのではないだろうか。特に一九六四年、中国が核実験に成功し、国連加盟を実現して名実ともに国連安保理で米英ソ仏と肩を並べ、フランスと国交を樹立するなど国際社会でその地位を向上したばかり。中国の威力拡大に対抗して日韓関係を緊密化する必要は明らかだった。だからこそ日韓両国政府は一九六五年六月、日韓基本条約に調印して結びつきの新たな意義を認識したのだった。在日韓国人に永住権を承認するなど実質的な変化と協力への流れを壊してはいけない。

「大統領閣下、明瞭な措置を乞う」

このような短文電報を金山は朴大統領宛に送った。直訴状であった。国の責任者として最高の対応がとれるのは唯一大統領だけである。自分が真摯に願っている親善増大への願いを朴大統領は日ごろから汲み取っている、と金山は確信していたからこそこの手段に訴えた。

金大中事件は中央情報部長だった金載圭（キム・ジェギュ）が朴大統領を暗殺するという一連の悲劇的な諸事件の発端を為すものではなかったろうか。

金大中は神戸から出港した工作船に乗せられ、何度も日本海に突き落とされる危険にさらされた。米国の軍用機による威嚇などで殺し損ねたというべきだろう。金大中はソウルに運ばれた。自宅近くのガソリンスタンドで降ろされたのは事件発生から五日後のことだった。

こうした諸事件の発生とこれらを処理した指導者の姿を見て金山の朴大統領への傾斜は深まる一方であった。

「大変立派な方で、気迫に満ちて国家建設を推進している人物」と好感を抱いてきた金山は院長にこう聞いた。「大統領に会ったことがあるか」

「会ったことはないよ」

「それではいけない。独力で在日の難関を次々と突破しながら東京に韓国研究院を創った人物を韓国大統領が知らないというのは不自然だ、是非会うべきだ」

「あんな奴は嫌いだ」

崔書勉はにべもなく断ったが、嫌うだけのしかるべき理由はなさそうだと金山は察し、会見実現に動く。大使は院長をソウルに連れて行った。

金大中をめぐる朴大統領と崔書勉との絡みを説明するには、もう一つの挿話を語らねばならない。七一年の春、崔書勉は来日した韓国国会文公（文教）委員会委員陸寅修（ユク・インス）共和党議員と東京で初めて会った。崔の故郷江原道原州出身で同委員会委員長だった申玉澈（シン・オクチョル）に同行しており、申が陸を崔書勉に紹介したものである。読者はもうご存知のように陸寅修は朴大統領夫人陸英修の兄、つまり大統領の義兄にあたり、誰もが恐ろしさを感じるほど凄みをたたえた議員だった。

二人は東京・新宿のグランドホテルで夜明けまで話しこみ、激論となったそうである。つまり崔書勉は恩師であり、信仰上の代父だった張勉博士が葬られた過去に触れた。

「お前らは張勉博士、明洞聖堂の盧基南主教、金大中を汚い手口で追い出した悪いやつらだ」

口を極めてののしった。陸議員は言い返した。

「朴正熙大統領はかわいそうな（金大中が使った表現）農民のために革命をしたが、金大中が農民のためにやったことは口先だけではないか」

話の内容はソウルに戻った陸議員から大統領に伝えられた。某日金山大使が表敬した折朴正熙は金山大使に、崔書勉について話題を持ち出した。

「あの人（崔書勉）が日本に滞在している金大中の身元を保証し、私の悪口を言っているそうですね」

国際的にはまだ無名だった政治家金大中が仲間とともに訪米した当時の出来事を朴大統領は問題にしたのだった。途次日本に立ち寄ったとき、トランジット・ヴィザがないのに勘違いしてロビーまで出てしまった。さて訪米を済ませて再度日本に到着したとき、彼は入管に拘束されてしまう。金大中は自分がトランジット・ヴィザを正規に持っているものと信じていたが入国はおろか犯人扱いとなってしまう。どうやら崔の顔を思い出したらしい。知らせを受けて崔書勉が自ら羽田空港入管当局に来たとき金大中はしょんぼりと薄暗い廊下に身を寄せていた。崔は大統領候補にもなった韓国人がかかる取扱を受けるのを見るにしのびなく、直ちに身元保証人となって金を救い出したのだった。

大統領があれだけ日韓のために尽力している崔書勉を知らないのでは、大統領としていかがなものか。金山はそのような感想を抱く。そこで、もちかけた、

「今後日本と仕事をするためには、日本で韓国研究院を運営している崔書勉を通さなければコトは進みません。一度お会いになってください」

朴大統領に会う

青瓦台に赴いた日、雨がしっとりと降っていた。五月を過ぎたのに田植えもままならないほどこの年は特別に干ばつがひどかった。貯水池の水位は底をついていた。待望の雨模様がソウル特別市を覆い、裏山など周辺の緑は和やかな色に染まっている。一方、崔書勉の胸のうちには荒々しい感情が渦巻いている。軍事クーデターで政権を握った朴正熙に思い知らせてやる覚悟で大統領執務室に入っていった。李承晩時代から使われてきた会議用ソファがそのまま使用に供されている。大統領は先着していた。右足を組み背中をまっすぐに伸ばした小柄の、そして精悍な表情の朴正熙は、客を待っていた。大統領が先に口を開いた。午前九時だった。

「今日、崔院長に来ていただいたおかげでしょうか、少し前から雨が降っています。この雨で大田まで田植えができるそうです。少なくとももう五ミリ降ってくれればソウルまで田植えができるでしょうに……。本当に嬉しいです」

日本で見慣れてきた政治家の大げさで自慢話一色の接待を思い出しながら崔書勉は、このよう

な挨拶をする大統領に人間的な温かさとゆとりを見出し、大変好ましいと感じた。ちらりと腕を見ると大統領の腕時計は安っぽく映った。話の接ぎ穂は崔書勉の次の質問となって続く。

「お持ちの時計ですが、どこの国の製品ですか」

意表をつく形となったようだ。

「私は経済建設を言っていながら、（私たちの国に）これといった工場一つないじゃないですか。それで、時計の組み立てでもするように言いました。ちょうどそのころシチズン時計工場の落成式に招かれましてね。完成品の時計を一つ、千五百ウオンで買いました。一年も経ちましたが一分もずれていません」

政府高官や代議士が日本に来ると、ローレックスなどの高級品を買うため大騒ぎを演じるのが常だった時代に、大統領は日本からの進出企業製とはいえ国産の腕時計を珍重している。

「これは、やられた」

崔書勉は息を呑むのである。金山大使がようやく発言の機会を得て口を開いた。

「閣下、本日お目にかかったのは、この人物、東京韓国研究院の崔書勉院長をお引き合わせするためです」

崔は友人金山の律儀さに頭が下がるのを覚えながらも、次に発言した内容はグリーティングから大きく外れている。

「大統領、私もアナーキストだった時代がありましたが、大統領はいつまで共産主義者だったのですか」

会談は三時間に及んだ。執務室のすべての時間は停止し、もの一つ動かなかった。電話一本も入らず、秘書がメモを持って入室することもない。ひたすら静謐で、紙が落ちたらその音が聞こえるような雰囲気に包まれて会話が続いた。長時間静かさを保つ大統領の姿に真の接待の、気遣いをまざまざと見て、崔書勉は入室したときまで抱いていた荒々しい感情を、忘れたのだった。自分を迎えるために、寸秒をも私できない激務の大統領が、と思うと、崔書勉は、あまりにも手厚いもてなしだと気づいて、身をちぢめる。

「すみません、正午に約束がありまして」

そう言って崔書勉は席を立った。さらに、語を継いだ。

「今日、感動を一つ、お土産に持って帰ります」

怪訝な顔をして大統領は「なんですか」と聞いた。

「大統領である方が、穴があいた靴を履かれていることに感動しました」

「え、上等な靴もあるのですがね、よりによってこの靴を見ましたか」

大統領は崔書勉の肩をたたいて笑った。飾らない、そして質朴をいとわない性格を見抜いて、世紀の対決を考えていた崔書勉はこの会見以降、朴大統領のファンになった。朴の実兄が共産活動で投獄され、彼自身共産党にかぶれていた経歴を重視した池田勇人内閣の大平正芳官房長官はクーデターを成功させた朴正熙の身元調査を急いだものだった。満軍人脈と陸士同窓生の中から防衛庁中央資料隊中国班長押切和久が選ばれ、調査を命じられた。押切は崔書勉を訪ねた。七一年当時、崔は朴に悪感情を抱いている。好意的な話は一切していない。

「朴正煕がアカかどうか、それだけ言え」姿に似合わず大平は厳しい。

「彼はいま自分の思想についてなんと言っているのですか」押切は大平に質問した。

「本人はアカではないと言っている」

「でしたら、彼の言うことそのものが彼の全てです。朴君は明日のために今日言葉を作るような人ではない。彼がクーデターをしたからには信念に基づいてしたことだろう」

押切の結論だった。

こうした中で筆者を受け入れてくれた政治家が表だけでも二人を数えた。一人は国会議員で文公委員会委員長陸寅修である。彼とは当初崔書勉の紹介で会ったが、一人で筆者を訪ねられ、朝食を共にするなど好意を示してくれた。もう一人は李秉禧（リ・ビョンヒ）国会議員。

「私が最も信頼している日本の政治家が橋本龍太郎でしてね」

筆者の従弟の名前を出した彼とはその後東京あるいはソウルで頻繁に交流することになる。

金大中を副大統領に

朴正煕の向こうを張って政治活動を推進し、大統領選に破れた後金大中が日本にいる事実は福田赳夫政権にとって頭の痛い出来事だった。なんとかお引取りを願いたい。日本赤軍のダッカ事件に振り回され、「人間の生命は地球より重い」という言い回しで国法を歪めた経験者だけに、韓国の政治対立が日本で火を噴く事態を避けたかったのだ。張勉内閣の財務長官金永善が朴政権の統一院長官に納まった転進ぶりを横目に、現政権が金大中に対して政治活動を保証してくれれば……と夢想した様子だ。福田は崔書勉に持ちかけた。

「あなたの事務室に泊まっている金大中という人のため頭が痛い。政治家金大中を朴大統領が優遇して本国へ呼び入れる方法はないものだろうか」

崔は即答を避け、「朝鮮戦争」の著者、神谷不二慶応大教授に相談した。

「大変建設的な提案になるのではないか」

神谷教授は衛藤審吉、小谷秀二郎ら政治学者六人の意見を加え、「福田・神谷案」をひねりだした、朴大統領が金大中に「副大統領」の座を用意し、挙国内閣を構成する——、が提案の内容である。金大中が反政府活動を停止すれば日本政府としても韓国経済建設に協力しやすい。代表として崔書勉が訪韓するのだが、胸中、民主主義と腐敗という二つの韓国国内問題を一挙に解決できるチャンスだと思っている。出発前、崔は金山大使に意見を聞いた。

思い切った「福田・神谷案」は朴大統領と会見した崔書勉によって青瓦台中枢部に伝わった。大統領は日本人がそこまで韓国のことを気にかけている事実に驚く。無条件に「ノー」と言えば日本に対して失礼になるからと、大統領は側近たちに説明し、意見を聴取した。一人として賛同しなかった。この際、当事者がそれぞれにじませた心境について崔書勉は次のように解説している。

「そうなるはずもなければ、そんなことがあってはならない。これが信念に満ちた金大中の答えだった。長官とか副大統領の椅子を示されて百八十度態度を変えるほど利権に左右される人物ではない。朴は独裁者なのに独断で決定せず、参謀に意見を聞いて民主的に取り扱う度量を兼ね備えた政治家の姿勢を示した」

胸襟を開く間柄となっても、崔書勉は筋を通す男だった。カーター元米大統領が訪韓した七九年、「崔院長、明日昼食でも一緒にしましょう」と朴大統領に誘われた。先約があるからと崔は断った。

「明日は留学生に集まってもらって食事をする予定になっていますから」

「大統領と食事することになった、そう言えばいいじゃないですか」

「そうはいきません。私は目上の方には甘えて約束を取りやめることもありえるでしょうが、目下だからといって、一旦交わした約束をホゴにすることはできません。韓国人が日本と戦う理由は、日本人が日清、日露両戦役のとき独立を約束しておいて守らなかったためだ、些細な約束であっても守らないのなら、独立運動は止めなければと言ったのは上海臨時政府の安昌浩先生です。この先生は約束を守り、結果的には日本の警察に逮捕されています」

いつになく浩然と言い放った崔書勉に大統領は畏怖を覚えたかもしれない。政務首席を呼び、近く予定している指揮所作戦訓練の出席予定をずらし、崔書勉との昼食会を別途設定するよう指示した。

初対面の会話をさらに点検してみよう。崔は相手によって言葉を変えるとか選ぶということをしない。軍事独裁者と忌み嫌われている日本での評判についても臆せず申し立てた。「大統領は聞く耳を持っていたね」と金山は後日筆者に語ったものだ。しかも「日本で韓国研究をする意義をよく理解された様子だったよ」と上機嫌で思い出している。崔書勉もまた直接大統領から、「感謝する」という言葉を聞いた。自分の選んだ学問研究に自信を得た、大統領からのねぎらいだった。

朴正熙は感情を平静に保ち静かに会話を進める人だった。貧農に生まれた経験からいかに自分が貧しくとも社会が教育の機会を与えてくれるよう機能するのであれば、韓国にも希望が生まれると説いた。自分は親戚を一切ソウルに近づけないとも述べ、政治家の清貧であるべき理想を口にした。

二人は互いに信じあう宝を発見した形だった。後日、二人の間にちょっとした緊張感を漂わせた会話が交わされている。大統領が笑顔を見せないで質問したときである。

「崔院長、なぜあなたは金大中の日本における身元保証人になっているのか」

かつて金山大使に漏らしたのと同じ質問を直接ぶつけた感じだった。

「大統領選挙に出馬した候補者が日本を訪ねて入国もできないとしたら、彼は日本の空港における入管事務所の汚らしい部屋で足止めされるのです。そのような同国人の姿を私は韓国人として見過ごすことはできない。仮に朴大統領が査証もなく来日されたら、私は一も二もなくあなたの身元保証を引き受けますよ」

この答えは抜群に大統領を感動させた。笑い飛ばして一瞬高まった緊張が氷解した。

第三共和制下の日韓会談

ここらで朴時代の韓国を総括しておく必要がある。多分、朴正熙の心の奥には学生が激昂してみせるような対日悪感情に犯されていない清澄な部分を残していた。自分史に古代から近代に至る朝鮮・韓国史を重ねたとき、日本がそれほど悪事を重ねて朝鮮半島を覆い尽くしたとは考えない思想の柔軟性を帯びていた。李王朝時代の両班、科挙絶対化と猟官運動、袖の下使いなどには嫌悪感を抱いていたのではないか、むしろこのように推測してみたい。

最高会議議長就任後、朴正熙は一年余をかけて第五次憲法改正案を準備し、国会を一院制に戻した。政党本位の政治運営を実現する方向性を打ち出し、クーデターに参加した軍人グループは民主共和党を作った。結党準備委員長は金鍾泌だった。朴が総裁の座についたのは六三年九月である。現役軍人の大統領選挙への立候補は民政移行の約に反すると言われれば、予備役に退役して対処する。彼は自然に沿うという闊達さを豊かに持っていたことになる。

当時最大野党は張勉が加わった民政党。六三年十月の大統領選に出馬した朴は四七〇万票を、尹潽善は四五五万票を獲得。ここで辛勝した民主共和党は十一月の第六回国会議員選挙で一一〇議席（総議席数一七五）を奪い圧勝した。

　李承晩以来日韓会談は四回に及んだが、韓国側で起きた六〇年の四月革命で中断した。同年十月張内閣が五次会談に臨み、財産請求権という概念で日本から資金を得ようと積極化したがクーデターでこれも中断した。第三共和制に移行した六一年十月、第六次日韓会談を開始したとき、朴政権は第一次五カ年計画を翌年に控え、予定した資金確保に懸命だった。当時戦後の基軸通貨ドルが海外に流出し始め米国は世界警察国家の役割を維持するためにも、力をつけてきた他国に対外援助を肩代わりさせる必要に直面していた。日本は格好の援助供与国に育ってきている。日本は日本で高度成長を支える輸出市場を確保したい。日韓は互いに求め合う関係に立っていたのだった。外資導入の必要から朴大統領は腹心の金鍾泌に大事を託したわけである。

　総額八億ドルを日本から提供することで対日請求権を取り下げた韓国は近代化への布石をこの金でまかなおうとした。李承晩ライン撤廃は見返りとしての副産物である。それにしても五カ年計画とは共産圏独特の制度だとばかり思っていた大筋の諸国は実質的軍事政権がこの方式を取り入れて国づくりに活用し始めた姿に注目する。

　大方の韓国民は①請求権で獲得した金額が低い、②李ライン撤廃により日本が漁業権を侵犯する恐れがある――と反対運動を起こし、一五〇〇〇人の学生がまずソウルにバリケードを築くなどして気勢を上げた。朴は首都に非常戒厳令を敷き、軍隊を繰り出して沈静化に務めた。調印を目前にした六四年八月、学生デモは再燃した。政府は衛戍令公布で対抗した。日本における安保闘争と同様の様相を深めたソウルでは新聞など言論機関が学生、市民らの運動を支持した。本稿のニュースソースは金鍾泌その人である。

疎遠になった福田・金大中

金大中は一九六四年、第六代国会議員選挙で当選し、国会議員の肩書きで来日。崔書勉に頼み込んだ。

「これから政治家としてつきあってもいい人を紹介してほしい」

崔が紹介したのは大蔵大臣福田赳夫である。自民党内でも最高実力者と目される政治家だ。

二人の長すぎる会話が終わりにさしかかったとき、福田が金大中に年齢を聞いた。

「三十九歳になります」

「兄上《あにうえ》」福田がいきなり呼びかけた。

「どうして私が兄になるのですか」と金大中はびっくりする。

「私は明治三八（一九〇五）年生まれだが、そのときから一つも年をとっていない。貴方は三十九歳だから私のお兄さんではないか」

二人の滑り出しは上々だった。だが永続きしない。日本での発言にこのような言葉がちりばめられたからだった。

「日本が朴正熙を支援すればドミノ現象が起こって、韓国もベトナムみたいになってしまう」

岸信介、福田赳夫など日本の保守陣営は金大中から遠のいていった、と崔書勉は言う。逆に自民党内では左と見られていた宇都宮徳馬、社会党から参院選に出馬し三〇〇万票を得て当選した田英夫と親交を深め、アジア・アフリカ議員連盟などの会合で講演を重ねた。金大中は講演草稿を崔書勉に読んでもらい、専門性には欠けるが一般的テーマとしては小味のきいた演説を日本人の前で話していた。

経済問題重視、近代化路線の充足を目指した朴政権は日帝三六年の日本支配総括問題を棚上げして、日韓基本条約を成立させた。そのツケは二十世紀後半、両国を多面的に苦しめる素材となっていく。国際社会はベトナム戦争という厄介な民族問題へのかかわりを経験し、韓国政府もまた六五年、派兵を開始した。

爆撃機による北爆を強化した米国は、アメリカ軍に次ぐ延べ三二万人の投入(一九七五年まで)をしてくれた韓国への見返りとして経済援助を供与し、多額のベトナム特需が韓国に流入した。貿易外収支は大きく膨らんだ。第一次五カ年計画はこうして成功する。六七年には早くも第二次五ヵ年計画が転がり始めた。この計画で朴大統領は輸出志向型工業化の方針を確立する。新日本製鉄を中心とした技術供与と借款供与とで浦項《ポハン》総合製鉄所の建設も始まった。高速道路建設も着手され、石油精製、セメントなどの工場が続々と生まれた。

米国のキッシンジャー補佐官の活躍で米中交渉が行われ、その結果中国の国連加盟が実現したのは七一年である。ベトナム撤退は七二年だ。金日成将軍と朴大統領との間で南北対話も生まれた。離散家族を国境を越えて再会させる両国赤十字社の交換行事も始まった。七二年五月に平壌を訪問した南の大物は李厚洛韓国中央情報部長だった。しかし対話が実現すると両国双方の非難中傷は逆に活発化する。七一年の新民党大統領候補だった金大中拉致事件発生で北朝鮮は南北調節委員会共同委員長でもあった李厚洛を非難し、ソウルでは大統領夫人陸英修女史が凶弾に倒れた。

拉致事件発生からほどなく崔書勉は朴大統領に会い、単刀直入「事件発生を知っていたか」と質問している。大統領は、

「君までもがそんな質問をするのか。本当に知らなかった」と答えた。

当時状況把握に手間取った李澔駐日韓国大使がソウルに飛んで大統領に辞表を提出している。大統領の口から「私はやっていない」と聞くと、大使は、「閣下が潔白なら任地に戻ります」こう言って東京に舞い戻った。大統領が全く知らなかったという事実が大使の俊敏な行動にこめられていた。

朴大統領暗殺

軍人支配から政党政治に切り替え、民政移管の衣を着ていた朴正熙は七二年十月突如キバをむく。米ソ冷戦時代に位置する現政権が南北朝鮮対話など新局面に対応するには維新的改革が必要であり、非常の措置をもってこれに当たると、突如国家非常事態宣言を出したのだった。「わが

国の実情に適合した体制改革を断行する」という口実のもとで、国会を解散し政党活動を中止し、大統領任期を六年に延長し、大統領に緊急措置権を与えて基本的人権を制限する道を開くなどの「維新体制」を打ち出した。政党活動の停止は五ヶ月ほどで終結したが、朴体制の維持強化策に抵抗するだけの力は削がれたままだ。結局は軍人支配の論理に戻ったと言えようか。永久政権への布石であり、朴個人への権力集中をもくろんだのである。維新憲法という憲法改正がこれだった。

本人自身が貧農出身だっただけに、農村から急速に撤退、都市に流出する中央と地方の格差拡大は大鉈《おおなた》を振るう対象だった。農村に魅力を与え、農業で身を立てる道を講じ、勤勉・自助・協同を叫んで朴正煕はセマウル（新しい村）運動を開始した。

こうして重工業化とセマウル運動の二頭だて馬車は唸りを挙げて走り始めた。三星、現代、大宇などの台頭はこの時期に始まっている。一人当たりGNP一〇〇〇ドルの実現、輸出一〇〇億ドルの達成も独裁的裁断がもたらした果実だ。しかし独裁大統領への嫌悪と排除の動きもまた盛り上がり、批判的政治家尹潽善、金大中、文益煥ら在野活動家二〇人が政府転覆を企てたかどで逮捕された。高麗大は休校となり、校内集会とデモ禁止を言い渡された。

米国は七四年フォード大統領の訪韓に踏み切る。駐韓米軍の原状維持を図るためには朴を支援する必要があったと解してよい。これを後ろ盾に、七五年二月、朴大統領の信任を問う国民投票が実施された。賛成は七三パーセントだった。

しかしカーター大統領時代に入ると様相は激変する。七七年三月、彼は在韓米地上軍の完全撤退を四、五年で完了すると発表した。アメリカ議会でロビー活動をしていた朴東宣が逮捕され、彼への収賄容疑から事件はコリアン・ゲートと呼ばれた。韓国では新民党総裁となった金泳三の出身地釜山あるいは馬山で与党に対するデモが暴動化した。政府は非常戒厳令と衛戍令発動で対抗した。朴大統領批判はなかば公然と韓国社会を塗りつぶしていく。政権内でも釜山、馬山、昌原暴動へどう対処すべきか、強硬論と懐柔論が交錯した。青瓦台内部で異常な事件が起きたのはまさにこのような動静を背景にしていた。

金載圭中央情報部長は、朴正煕の腹心とされる車智澈（チャ・ジチョル）の建設部長官就任に疑惑の念を募らせていたといわれる。車のために自分が権力中枢から追われるのではないのか。

筆者は崔書勉氏にどうして金載圭は大罪を犯すにいたったのか質問した。

「私が知っていることは、金は噂を気にし、しかも病んでいたということだ。どこかの軍司令官に発令されるという噂を耳にし、前途に絶望感を抱いた。そのようなことが起こる前に始末をつけてしまおうと考えたようだ」

崔の解説が正しければ、金載圭には個人的出世欲しかなく、歴史観も自分が仕えている朴大統領を正統に評価する力量もない小物に過ぎないことになる。大統領と会食中、金は大統領と相伴にあずかった車の二人をピストルで射殺した。彼は連行された国防部会議室で逮捕された。大統領代行に崔圭夏が就任した。彼は済州島を除く全土に非常戒厳令を布告した。七九年十月、こうして朴正熙は第三共和政下、五代から九代まで大統領を五期務めて、世を去った。

七九年十月から八〇年八月までのわずか八ヶ月支配に終わったものの、崔圭夏の時代を第四共和制という。

第七章　日本情勢を韓国へ

椎名裁定

韓国の歴史を中心にして、北東アジアにおける日中韓三国の近世以降について非常に専門的な研究を継続したのが、崔書勉の東京韓国研究院だった。一九七五（昭和五〇）年春、五年間住み慣れた東京都港区狸穴から三田に移転した。新たな研究院舎は五階建て、鉄筋コンクリートの頑丈な建物。どの階も大きなガラス張りがほどこされ、明るくどっしりと落ち着いてみえた。

これまでに「アジアの将来を考える九カ国共同委員会東京総会」「在日外国人教師会総会」「ソウルペンクラブ大会」「第二次国際韓国研究機関協議会」、シンポジウム「韓国にとって日本とは何か」、ゼミナール「日韓条約二〇周年記念」、講演会「日本への直言＝新樹会主催」などで主役を演じてきた崔書勉の日本人士、外国要人との交誼は広がりと深まりをみせ、政治家では岸信介、佐藤栄作、福田赳夫、坂田道太、椎名悦三郎、船田中、三木武夫、秦野章らが彼に信をおいた。フォード大統領訪韓と朴大統領との会談内容を椎名に寄せたのは崔書勉である。仲立ちした人物が産経新聞社政治記者藤田義郎だ。北朝鮮の韓国浸透の実態を見て米国は対韓政策を転換し、朴政権への全面支持を約束したのだった。

崔書勉がいつも大韓民国に良かれと信じて働く行動規範は韓国人として当然の愛国精神に基づいていよう。この意味では筆者が陸英修殺害事件取材から戻り、佐藤栄作前首相の指示もあって木村俊夫外相に直接電話で「韓国、北朝鮮への等距離・二元外交は誤り。現政権にあらぬ疑いを抱かせる愚策」と指摘した行動と全く同じことだったと言える。木村外相は南北両政権をクロス承認し、国連加盟を推進するという構想を語ったのだが、韓国政府から真意を問いたいとする反応が強かった。当時日本外務省は四〇〇万ドルの輸銀資金を使って北朝鮮を援助する意向だったという。これらの援助資金が軍事費に回される恐れを明らかにしたのは崔書勉と筆者だけであった。

藤田と同じく産経新聞社に在籍していた林建彦記者（後の東海大学教授）は「北朝鮮と南朝鮮」について記事を仕立てた思い出がある。掲載された後のことだが、鳴り渡る電話器をとりあげた。相手は一息に伝えたい行事を話した。

「韓国研究院の崔書勉です。あなたの記事を興味深く読みました。研究院主宰のパーティーにお招きします。出席しませんか」

直裁な、有無を言わせない響きの勧誘電話だった。全く面識もなかった人物から受けた不意の申し出だった。国際文化会館に顔を出した林は参加者の多彩な顔ぶれに目を見張る。

二度目に林が崔院長を訪ねた場所が新装なった東京三田の新館だった。二〇万点の収集資料が初めて公開された記念パーティーに出席したのだ。地下と二階書庫、展示室までところ狭しと収納された朝鮮・韓国の近・現代関係図書、記録、地図の山に林は息を呑んだ。

「崔院長のすぐれた歴史家としての資質は、ダイナミックな直観力と人並はずれた行動力に由来している」

林の言である。林は金山国際関係共同研究所所長に勧められ、月刊研究誌『北朝鮮研究』の責任編集者を引き受けている。

調査報道（investigative reporting）という取材手法が本格的に日本に導入された時期はまさしく田中角栄首相時代の七四年暮れと言える。新聞記者が血を流して掌中に収めたのではない。立花隆と児玉隆也が文藝春秋本誌でやってのけた事実資料収集と分析が田中を足蹴りにした武器だった。田中の退陣は金脈問題をかわせないと判断したからであった。その意味が判明するのは二年後、一九七六年二月五日、米上院多国籍企業小委員会の模様を伝えるニュースが政界の黒幕児玉誉士夫によるロッキード社からの巨額工作資金受領を暴露したときだった。新聞記者は米証券取引委員会（SEC）提供のロッキード事件関連英文資料集を読み、分析し、取材対象を絞り込んでいく過程でようやく調査報道という分野の手法を身につけていった。

米国ではウオーターゲート事件を追及し、現職大統領ニクソンを失脚に追い込んだワシントン・ポスト紙の二記者がハシリであり、次第に記者の独壇場としての場を確立するのである。

韓国では日本政治の動向は彼らの舵取りに大きく響く。いちはやく田中の後継者を特定し対処策を練っておく必要がある。朴大統領は近々離任する駐韓米大使シュナイダーをゴルフに招いて取材した。かつて駐日米大使館一等書記官だったシュナイダーは言下に「福田赳夫だ」と答えた。KCIA情報も、自国の駐日大使からも「次の首相は福田」という見解が青瓦台にあがっていた。しかし朴大統領には全く別の筋から至急電が入る。それは驚くべき内容であり、大多数の予想と全く異なる見解を述べていた。

「次の首相には三木武夫がなる。福田が首相になれば（韓国）に良くて、三木がなれば悪いというような社説が韓国で流布されないようあらかじめ防いでおく必要がある」

特別注文付きの知らせだった。

「大使、三木が首相になるかもしれないので、一度お調べください。政治というものはわからんものですからね」含みを持たせて朴大統領は注意喚起をシュナイダーに与えた。

二日後、韓国各紙は三木武夫が次期後継首相になったと報道した。中央情報部や駐日大使の面目は丸つぶれだった。驚いたのはシュナイダー大使である。

「やあ、朴大統領はいまの世には珍しく先見の明がある」

激賞したものである。大統領の鼻は当然高い。至急電報を送ったのは東京の崔書勉だった。朴は崔書勉に大統領府青瓦台に来るようにと招待状を送った。

「崔院長、あなたのお蔭で私は体面が保てたのだが、どうして速く、適確に知りえたのか」

「大統領、私は政治家でもなければ評論家でもありません。ただ、私には良い友だちがおります。産経新聞社政治部出身の政治評論家で藤田義郎といいます」

日本列島改造という華のある目標から転落した原因は田中角栄の金脈問題だった。七夕投票となった参院選で自民党が獲得した議席は六六議席にとどまった。福田赳夫、三木武夫は田中の「金権選挙」を公然と批判し、三木は閣僚を辞任、さらに福田も退陣した。自民党の挙党体制はこれで崩壊した。与野党伯仲となった参院の新たな構成自体が台風の目ともなり、暗雲は不気味に厚さを増してきた。

政局を乗り切るには田中退陣しかない。副総裁椎名悦三郎の判断は前尾繁三郎、河野謙三、灘尾弘吉、保利茂ら党長老らの共通認識ともなっていた。今後の政治の舵取りを誰に任せるか。田中の後継者選びは自民党副総裁椎名悦三郎に任されたのだった。福田赳夫、三木武夫、中曽根康弘、大平正芳の四人から彼は三木を対象に選考を進めた。これを世に椎名裁定と呼ぶ。本来椎名の胸中に宿っていた次期首相候補は保利茂だったという。意中の人を最終的に引っ込め、椎名は親しくしている藤田義郎を都内のコリアンハウスに呼び、会合。その場で椎名は裁定文執筆を藤田に頼んだ。韓国料亭で会ったのは日本語が通じない場所で秘密保持が可能とされたからだ。これほど確かな情報源はあるまい。椎名と藤田は韓国の受け止め方についても分析した。福田ならタカ派だから結構、三木はハト派だから良くない。このような単純な図式がまかり通るのを防ぐ必要がある、と。

椎名と別れた足で崔書勉を訪ね、三木に決定の情報を提供する代わりに、崔書勉を通じて意を通す。やはり藤田は百戦練磨の政治記者だった。崔は直ちにソウル在の陸寅修に電報を打ち、これが青瓦台に届けられたのだった。一連の事情と経緯を知った大統領は崔書勉にこう言った。

「良い友は院長だけが知っているのではなくて、私にも紹介してくれないか」

大統領の希望を聞いた崔書勉はその後、藤田義郎、木内信胤、村松剛、大統領の蓄膿手術を手がけた足川雄一（東京厚生年金病院耳鼻咽喉科部長）ら知人を紹介していく。

大正一一（一九二二）年生まれの藤田義郎が崔書勉と交際を始めたのは一九七二年ホテル・オークラで出会ったときからだ。椎名裁定について藤田が書いた記事によれば、一九七四年十二月一日日曜日、自民党本部総裁室に三木、福田、大平、中曽根を呼び集め「後継総裁に三木武夫君」と一方的に断を下した。傍流の最小派閥で、せいぜい刺身のツマくらいにしか見られていなかった三木だけに、指名された三木本人が「青天の霹靂」と絶句した。それに先立つ十一月二十九日、藤田は崔書勉に次期総裁は三木と告げたことになる。裁定が下った日の夜、藤田は崔書勉と連れ立って三木武夫を私邸に訪ねている。次に藤田が崔に伴われて、村松剛筑波大教授、金山政英、小谷京都産業大教授らと青瓦台での夕食会に招かれたのは同じ十二月十六日だった。

藤田は「安重根像を一変させた。毀誉褒貶にとんちゃくせず、内に経綸を包み、外に心気浩然、雷同せず孤高を守り、附和を欲せず他を追随せしめるに侠気横溢、その言行一致せざるはない。所詮学者の枠には収まりえない偉物である」と漢文調で崔書勉を描いた。

足川医博は治療成功にあたって非公式な招待状を受けていたが、朴が金載圭中央情報部長によって七九年十月二十六日射殺されたため納棺された国立墓地にぬかずいた。以降、足川は毎年国立墓地への墓参を欠かさなかった。

マイクロフィルム

研究院に保存された文書類を永久使用に供するにはマイクロ化が欠かせない。国立国会図書館憲政資料室、外務省外交史料館、防衛庁戦史室、東大社会科学研究所所蔵資料などマイクロフィルムから焼き付けた写真資料が歴史研究に一般化し始めた戦後とは、大阪万国博覧会が開催された昭和四五（EXPO70）年ころをいう。外務省本省に残された耐爆倉庫に置かれた外交史料室には大型据付写真機から現像機までそろっており、撮影技術をマスターした職員がせっせと操作していた。当時から絶大な信頼を集め、働いていた民間人が森松幹雄。先行企業日本マイクロを含め三から四社が稼動していた昭和三七（一九六二）年独立して㈱国際マイクロ写真工業社を創業した実直な人物だった。

安保闘争から大学紛争へと続いた昭和四〇年前半のころ、大学の使命は本館が学生に占拠される前に重要な学籍原簿を無事搬出するという仕事だった。頼りになったのが森松幹雄の技術・マイクロ撮影そして保管という方式。大学図書館所蔵の貴重な古文書類が森松の手で百フィートのマイクロフィルムに撮影されては新たな保管物とされていった。

森松は日本大学経済学部夜間部出身。仕事を終えると通学し、夜九時ころ授業が終わると急いで帰宅し、翌日の仕事に備える日々を送った。非常に研究熱心であり、人の三倍は働いた実感を常に抱いていた。

大洋写真工芸社（現㈱ニチマイ）という会社に在籍していたころ、某社が米国マイクロ出版の企画制作最大手企業と代理店契約を結び、まだ珍しかったマイクロ企画出版会社が日本にも誕生した。この新会社の企画を担当した人物と森松とが親交を結んだときに運命的な種が宿ったようである。森松は律儀にほとんど毎日訪ねてきては「なにか御用はありませんか」と挨拶する。少しずつ、まるで力量を試すかのように注文すると、ろくな設備もないはずなのに納期だけは絶対に崩さずやってのける。

そういった森松が相手会社に好印象と情とを植え付けていく。やがて大きな注文がこの会社から舞い込む。自社は手一杯の仕事を抱え、他社に余裕なく、困ったこの担当が森松を思い出したのだ。一刻を争う緊急事態を乗り切らなければ会社の将来はなくなるというとき、森松の国際マイクロ社はみごとにやってのけた。連日連夜奮闘を重ね、納期にも首尾よく間に合ったとき、二人の間に永遠の絆と信頼が生まれた。彼が新会社の業績を短期間で飛躍的に伸ばせたのは、森松のおかげだった。

森松は昭和五（一九三〇）年七月三日神戸市に生まれた。歴史資料のマイクロ化に意欲的に取り組んでいたころ、森松は外交史料館に足しげく通ってくる崔書勉を知る。問題があった。森松は働きすぎだった。崔を知ったころすでに体調が不十分だった。昭和天皇が崩御され、平成に年号が移って以降の七年間が幸福な時期であった。会社の経営を二男義喬《よしたか》に任せ、妻澄子と国内旅行を、そしてアメリカ、ロシア、中国など世界各国を旅行して人生を楽しんだ。二度目に病に倒れたのは平成七年のことだった。

平成一三年一月十八日朝、森松幹雄は他界した。父親の、決して泣き言をもらさなかった仕事の鬼の、背中を見つめて育った義喬は風貌も挙措も亡父とそっくりだ。崔書勉院長は世話になった仕事をまるまるムスコ社長に依頼している。良き関係はいまに続き、特に大連・旅順での協力は群を抜いている。現在国際マイクロではアナログからデジタルまで広範囲に仕事を拡張し、更なる飛躍を遂げているようだ。

研究院の目的と安重根

狸穴時代、二十畳ほどの広い院長室中央部に、朝鮮虎が四股を踏んでいた。入室者にはぎょっとさせられる虎の目に射すくめられ、その裏側に巨躯をでんと構えた崔書勉が坐っていた。新居となった三田の研究院で崔院長は祖国に対して敬虔な気持ちをより強く持ち、人間としても奥行きの深さを際立たせていたように思う。学者である本領とナショナリストである精悍さをさらに磨いたのは三田時代だった。自分史に志士的な要素を刻みつけている崔書勉は、ここでは、広々とした応接室で来客と応対し、研究を志して集まる学者らには宝庫といっていい書庫に案内した。日韓関係史に興味を抱く人々は膨大な資料の中に目指す対象を見つけ出して歓喜に震え、そこから新たな発想を得て論文を書いたりしたものだ。

たとえばフリーランス・ライターだった木原悦子は神津島に伝わる〝おたあ・ジュリア〟という朝鮮貴族の娘について作品を書くため島に渡ったとき、島まつりとでもいおうか、「ジュリア祭」というミサ聖祭に参加した。キリシタンご禁制の日本に来たのは文禄・慶長の役にあたって日本軍の捕虜となったからだが、家康の世になってから神津島に遠島となって没している。招待席に迷い込んだ木原のそばに韓国語を駆使する崔書勉が坐っていた。隣の人物は韓国外交官だったが、「席を移りますからどうぞ、この方と」とすすめられ、何者とも知れず、木原は面談の好機をつかむ。崔書勉こそ〝おたあ〟を発掘した本人であり、その功績によって神津島が感謝状を贈った人物だった。

「そうですか、貴女もお調べですか。わたしが雑誌に発表した論文があります。一部差し上げましょう」

数日後木原の自宅に一九七三年東京韓国研究院発行の学術誌『韓』五号（通巻一七号）が送られてきた。論文寄贈者は「文禄・慶長の役は今日でも韓国人が対日不信感を抱く遠因のひとつになっている」と記しており、木原は四百年前にさかのぼる豊臣秀吉の朝鮮征伐（七年戦役）が隣国に及ぼした傷の深さに目を開いた。彼女の処女作品となった〝おたあ・ジュリア〟はこうして誕生している。

研究院理事長木内信胤の書いたものに「崔さんのプロフィル」という小文がある。文中このような記述を読んで、私は私なりに納得したので披露しておきたい。

「彼は二十万点に及ぶ資料の整理に、日夜忙殺されているかのごとくである。彼は資料の蒐集整理ばかりやっていたわけではない。韓国はいぜんとして混沌。彼は何をやってきたのか、私は知らない。朴正煕大統領とは大変親密であったように思われているが、それは、韓国研究院の業績を知った大統領が、進んで補助金を給与するにいたったことを見て、世間が持った感覚に過ぎない」

崔院長をめぐって「影の駐日韓国大使」「怪物」「体制派実力者」など悪口めいて喧伝するやからが多いのは、木内が指摘しているように「下司のかんぐり」を好む卑しい人種の口から出たものだと考えてよい。初対面の折、苦労して日本で暮らし、日韓関係の真の改善のために歴史資料を収集・分析し、常に正道を歩んできた崔書勉の努力に大統領は「感謝します」と素直に敬意を表している。海外で自国の文化に光を当て、正統な関係樹立に私利私欲を忘れて取り組んできた崔の人となりに開眼し、韓国文化海外振興の面で政府として相乗りしようと決め、国家予算に組み入れて東京韓国研究院を支えたのであったろう。潤沢な資金が寄せられてきたからといって、むやみに崔書勉と朴正煕をいっしょくたに混ぜ合わせ、崔を権力者まがいに仕立てて喜ぶ、あるいは批判するのは場違いというものだ。

韓国研究院の定款に記された目的はその三条に詳しい。

研究院は韓国に関する政治・経済・社会・文化および歴史の基礎的かつ総合的な調査研究を

行うとともに、その成果を保管・普及し、もって韓国についての適正な理解と国際協力および文化交流の促進に、寄与することを目的とする。

学識経験者は第二次世界大戦後最も近いはずの韓国が最も遠い国であることを文化交流、学術交流の薄さに認め、改善を求めていた。別の表現を使えば、韓国研究に着手する上でいちばん賢明な方法はなにか、回答を求めていた。日韓正常化が果たされていないため、韓国事情が分からない。つまり学識者らによる個別問題の解説を施せという日常情報の不足＝知的飢餓状況の克服。日本研究に来日した外国人が、韓国研究を欠かせないと知ったとき、適切な学術援助を与えるにはどうするべきか。主に三点にわたる問題提起が韓国研究院設立の動機だった。崔書勉はこのように総括する。

だからこそ、『韓』という名称の学術季刊誌が研究活動の主体性を帯びて発刊され、六九年から八七年まで通巻一〇八号を数えたのである。執筆者は内外の韓国学研究者であって、崔書勉はこの雑誌を私せず、全体で僅か四～五回しか書いていない。編集委員会の自主性を尊び、口出しをしなかった。

その中で八〇年所管の通巻九五号に出てくる「日本人が見た安重根」という安生誕百年記念寄稿こそ実は崔書勉が人生を通じてもっとも精魂を傾けてきた安重根研究の深さを物語る。七九年というこの年は朴大統領が命を奪われた年であり、また崔書勉の魂が一時的だが、道しるべとてない闇夜に、浮遊した年に当たる。この際、個人が抱く情を離れて、科学的に覚めた目で、安重根に取り組んできた研究ぶりを追ってみよう。

まだ一九六〇年代の後半であったろうか、弁護士鹿野琢見は旅順刑務所（中国・大連）に勤務した千葉十七が処刑五分前に安重根から揮毫を贈られたと韓国の新聞に紹介した。揮毫は「為国献身軍人本分　庚戌三月　於旅順獄中　大韓国人　安重根謹拝」（国のために身を献じるは軍人の本分なり）とあり、記事は大々的に扱われた。元陸軍憲兵曹長千葉十七は明治四三（一九一〇）年三月二十六日死刑執行の日まで看守隊長であった。遺墨の持ち主は三浦幸喜・くに子夫妻だった。

「生前の叔父は安重根は単なる殺人犯ではない。いずれの日にか、韓国が独立したあかつきには忠臣として再評価されるでしょうと遺言して亡くなりました。実子のいない叔父から私が遺墨を引き継ぎ、その遺言どおり長いこと仏壇に収め、人目を避けて供養してきましたが、世の中が変わり、晴れて故国へ帰られることになって、うれしい……」

崔書勉にいったん寄贈した折の研究院における贈呈式で彼女は身をよじった。遺墨は韓国陸軍士官学校へ寄贈された。

早速鹿野は崔書勉の来訪を受ける。昭和五四（一九七九）年、三浦夫妻の叔父だった千葉十七の郷里宮城県栗原郡若柳町にある菩提寺、大林寺に安重根碑を建立し、揮毫は韓国に寄贈すると決まった。二年後記念碑は完成し、さらに二年後の八三年、揮毫がソウルに戻った。建立式に崔書勉は朝鮮服に身を固め威儀を正して出席した。

当時、旅順監獄で通訳官を務めていた園木末喜も安重根の遺墨を貰っており、現物は娘の園木淑子から崔書勉に贈られている。向かって右手肩に：贈園木先生、中央に：日韓交誼善作紹介、そして左掌の拓本が左下隅に印されている。

また処刑に立ち会った栗原貞吉典獄の三女、今井房子は崔書勉の取材を受け、語った内容がテープに録音されて研究院の資料となっている。彼女も安重根生誕百年集会に招かれて次のように挨拶した。

「あのころ私は小学生でしたが、父から家で安重根さんのことをたびたび聞かされました。父は〝あの男は殺人犯ではあるが、処刑するには惜しい立派な人物だよ〟と口癖のように話していました。処刑の時刻が迫り、父は頼まれて羽二重の韓国服を安さんに差し上げました。父は〝誠に申し訳ない〟と謝ったということでございます。官舎へは毎日のように多くの韓国人が助命嘆願にみえて、泣いていたのを覚えています」

朝日新聞で長年警察記者として鳴らしたジャーナリスト鈴木卓郎は七三年十月、港区内の韓国料理店で崔書勉と知り合った。金大中が拉致された夏から二ヶ月余であり、彼の新聞も日本の主権に対する韓国の侵害と論陣を張ったものだ。前に記した李秉禧第一無任所長官が事態解決のため来日し、マスコミの意見を聞きたいと述べ、崔書勉が数人を集めた。そのなかにいた雑誌編集長が鈴木を伴っていた。崔は彼らジャーナリストにこう言った。

「日本は韓国の主権を三〇数年に亘って奪ったではありませんか。日本人は他国に主権があることをごぞんじでしたか」と問いかけた。

鈴木は一本取られたと思った。韓国人の心を知り、帰宅してから日記に「この日は韓国に対する意識変革の日」と記す。その後たびたび会合を持つようになるのだが、鈴木は「安重根という人をごぞんじか」と聞かれたことを思い出す。彼は明治の元勲伊藤博文を銃殺した犯人という程度の知識しか持ち合わせていなかった。金大中事件は金鍾泌国務総理が来日して謝罪し片を付けたが、翌年発生した陸英修暗殺事件では日本が謝罪する側に立つほかなかった。このあたりで鈴木は朝鮮総督府時代の日韓関係史の検証に夢中になる。

崔書勉の研究法

八二年八月十日の参院文教委員会。秦野章議員（後の法相）が小川平二文相に質問した。

「韓国にとって伊藤博文を暗殺した安重根が英雄なのは当然であり、日本にとっては伊藤博文は偉大な政治家である。これは矛盾するものではなく、そこまで踏み込まないと、国と国との友好は進まない」

秦野は質問が終わったあと鈴木卓郎に次のような説明を加えた。

「まだ日本では安重根という歴史上の重要人物を知らない政治家、役人、新聞記者が多いので一人でも多く安重根を知ってもらいたくて質問の形で紹介した」と。

鈴木に言わせると、日本憲政史上国会の速記録に安重根の名前が乗ったのはこれが初めてだそうだ。

安重根がハルビン駅頭で伊藤公を銃殺したのは一九〇九（明治四二）年十月二十六日午前十時。桂太郎内閣はその年の七月六日閣議で韓国併合条約を正式に決めている。

「一九〇五年のこと。乙巳新条約（日露戦争後、日本が朝鮮に強要したいわゆる保護条約）が締結され、大韓の独立権は失われて、日本の保護国となった」

この言葉は自叙伝白凡逸志に金九が書き記した文章だが、金昌洙と名乗っていた青年期の日本軍人殺害事件前後、安重根の父親安進士と親しく交わっている。二人の関係についてはすでに紹介済みだが、詳述すると、東学党で暴れまわり、敗北した金九が、嫌っていた敵の将軍の下に行けという目上の言を容れて、私淑したのが安進士だった。安重根は黄海道千峰山を越えた清渓洞の邸宅を訪れる前、潜んでいた西海に突き出した景勝地夢金浦を脱け出し、基洞に住む両親を訪ねた。経過と身の振り方を報告し同意を得て安家に向かった。このあたり、今は北朝鮮領海州内部である。

礼儀正しく引見した安進士は金九に両親について質し、「基洞は危険だから直ちにこちらにお連れしよう」と武装兵三〇名を派遣した。兵らは牛馬に家財を乗せ、両親と共に運んできたことになる。

六人兄弟中三番目の安進士について金九は次のように描写している。

「眼に精気があり、人を圧倒する力があり、気性が磊落で、朝廷の大官でさえも彼と対面するとおのずから畏敬の念を抱くのであった。私たちが見たところでは、彼はまったくものにこだわらず、学識のない身分の低い者に対しても少しも傲慢なそぶりを見せず親切丁寧で、身分の高い者も低い者も彼に好感を抱いていた。容貌ははなはだ清く秀でていたが、酒がすぎて鼻の赤いのが玉に瑕だった。彼は律詩をよくし、当時彼の詩が多く伝誦されていたぐらいだが、わたしにも、彼は得意の作を興深く吟じてくれたことがあった」

そのころ安重根は十三歳。ちょんまげを結い、頭を紫の布できっちりしばり、トムパン銃という短銃をかついで毎日狩猟に過ごし、元気いっぱいだった。清渓洞兵士の中でも射撃術は抜群で、獣でも鳥でも狙った獲物は逃したことがなかったという。

「安重根ほど知られていない有名な人物はいない」

崔書勉はしきりに話す。

「例えばね、安重根の身長がいくらで、収監されていた獄舎の部屋の番号が何番であったか、答えられる韓国学者はほとんどいないよ。総論は述べるけれど、各論にはとても弱い」

研究方法についても崔書勉は一家言を持つ。

「欧米や日本の学者はある特定人物について基本的な研究から始めるが、韓国の学者は原資料もなしに安重根については平気で書き、日本人研究者はひとつの原資料を見るとそれを十倍に増やしてしまい、研究があらぬ方向に行ってしまうきらいがある。日本では安重根伝が十冊ほど出ているが、正しい書物を見つけるのは難しい」

実証派の崔書勉は国立国会図書館で、一九〇九年十月から一〇年四月まであらゆる新聞、雑誌の中に安の関係資料を求めて読み漁った。探せばあるものである。日本人記者が報道した電報の中に「安重根義士が亡くなった日、ソウル明洞聖堂でミサが挙げられた」という記事を見つける。

研究者のバイブルとされる引用本に満州日日新聞社が出版した『安重根公判記録』があるが、信憑性は薄いと崔は指摘する。なぜならば、裁判に当たって安重根が陳述したさまざまな説明を通訳する通訳官の翻訳があまりに短く、そのことを安重根が、「裁判長も弁護士も検事も日本人なのに、私の言葉を全部通訳しないで進めるこの裁判は〝ジョー〟にすぎないではないか」と発言しているからである。

「公判中のこの発言から推理すると、公判記録に書かれていない部分が多いということになります。さらに彼は自分が殺した伊藤を伊藤さまと必ず尊称をつけて話していたが、朝日新聞はわが伊藤公に対して〝伊藤、伊藤〟と呼び捨てだ、と嘘を書いた」

こうして崔は韓国人学者が下した「狭量なる天主教」という説をも、仏人ウイルヘルム神父に四回会い、告解聖事、聖体聖事をし、天主教がこれを受け入れた事実を、満州日日新聞、大阪朝日新聞など六の紙上に見つけて、訂正している。ある日日本で講演する前のこと、伊藤博文の孫という人物から「私みたいなものでも参加できるのか」と電話がかかってきたそうだ。崔書勉はこう答えた。

「伊藤公の息子さんは三人います。長男は駐韓公使、外相を歴任した井上馨の甥を養子に迎えている。二男は隠し子で文吉という。三男が真吉といいソウルで父親と一緒に暮らしていた。三男の息子であれば大歓迎ですよ」

「あなたは韓国人なのだか、日本人なのか分からなくなった。どうしてわが家のことにそれほど詳しいのか」と大いに感心したそうだ。

伊藤博文射殺犯を裁く旅順の法院当局は、殺人の正当性を披露する場を安重根に与えたようなものであり困惑したと、まず崔書勉は彼としての視点をここに置く。安重根は論点を日本国民と天皇との関係に立って、日清、日露両戦役に当たって明治天皇が発布した宣戦の詔勅を重視した、と説く。日清戦争開始前首相は伊藤博文だった。天皇が開戦に乗り気でなかったと感じていた。東学党の乱を鎮圧するため清国が朝鮮に軍隊を派遣し、日本も陸奥宗光の意向を入れて若干名の軍隊を駐留させることに明治帝は同意したが、清に主たる動きをさせ、わが国は従の立場から逸脱しないよう求めた。また土方久元宮相が伊勢神宮と孝明天皇陵に奉告する勅使人選で伺いを立てると、「其の儀に及ばず、今回の戦争は朕もとより不本意なり」と退けた。

いやいやながらの開戦であったが、明治天皇は詔勅で、「朕ここに清国に対して戦を宣す」とし、国際法に反しない範囲で一切の手段を尽くせ、と明快に述べた。

天皇から厚い信頼を受けていた伊藤公であるのに〝天皇の聖旨に反し、策略と脅迫をもって韓国を保全するどころか、逆に保護国とした〟と旅順獄中記「東洋平和論」を引用し、法廷で陳述した安重根の闘争を崔書勉は安重根研究の土台に据える。崔の調べによれば、明治天皇は世界平和の確立と朝鮮の独立保全を日露戦争開始の詔勅で明らかにしていたことになる。

結果として、論理的には伊藤公を天皇の叛臣と見る思想経路をたどる。天皇を欺いた男である。国民の意思にも反した政治家である。東洋の平和を害する天下の罪人である……

「私はその伊藤公を誅したのであり、私の行為は正当である」

このように単独犯安重根が主張したからこそ、一九一〇年二月、旅順における安重根裁判は彼の正当性を立証する場になった。崔書勉は前提として安重根のこうした姿勢を詰めて行き、「安重根に罪の意識はなかった。正義を実行した自負を身につけ浩然とした態度を貫いた」との信念自体に崔自身の事件に対する立場を固めたのだった。

テロでなく義挙

鈴木貫太郎内閣の書記官長を務めた迫水久常は「終戦の詔勅」をまとめるに当たって中野正剛に添削の労を負ったが、正剛の息子中野泰雄亜細亜大教授は安重根研究に当たって崔書勉の指導と助言を受けた。父の近代政治史の中身と己自身の見解が、伊藤博文を告発する安重根の見解と重なりあうことを知って、「歴史と審判：安重根と伊藤博文」を亜細亜大学『経済学紀要』に発表した。

自分のゼミを聴講していた学生呉忠根が申し出た。

「是非とも先生が知っておかなければならない人がいます」

東京韓国研究院の存在を一学生が中野に教えた。中野は早速崔書勉を訪ねた。崔は中野論文を読んでいた。ひととおり話を交わしたとき、中野は崔についてこう考えた。

「崔書勉は千里の馬を得るために馬の骨を買う名伯楽である」

中野は瞠目したのである。憲兵千葉十七の甥である弁護士鹿野琢見を紹介され、安義士記念館から招請があったとき中野は鹿野、崔、鈴木卓郎とソウルに行き「韓国民の安重根への思いが日露戦争以来の日本帝国主義への記憶と結びついている」ことを了解し始めた。

中野の労作『安重根——日韓関係の原像』は崔書勉の協力を得て発行され、韓国においても翻訳版が二万五千部出ている。福澤諭吉の脱亜論、安重根未完の論文・東洋平和、明治二六年三月十八日上海で暗殺された金玉均の未だに遂げられていない顕彰……と、崔書勉の研究はこうした学徒を鼓舞し優れた果実を生み出していくのだった。

ちなみに中野正剛は朝日新聞社政治記者として頭角をあらわしたころ、桂内閣打倒の憲政擁護運動にのめりこんでにらまれ、京城（ソウル）特派員に飛ばされた。泰雄の長兄克明はソウル生まれである。

時系列で犯行前後の動きを復習してみよう。

事件より六ヶ月前の一九〇九年三月二十一日、小村寿太郎外相と桂太郎首相は対韓保護政治を打ち切り、韓国を日本に併合することを立案、東京霊南坂の伊藤博文官舎を訪ねた。伊藤は積極的に同意を与えている。憲政党（旧自由党）を基盤に政友会を結成し、第四次内閣まで主宰した伊藤は、朝鮮を保護国として統監に就任した後も含めて三度、枢密院議長を務めた。桂・小村案に承諾を与えた後の四月十日、統監辞任の挨拶を韓国皇帝に為したとき、伊藤は併合のへの字にも触れていない。

「保護政策の実を挙げ立派な独立国に戻るよう祈ります」

むしろ白々しい挨拶を述べている。騙しおおせた伊藤は、満州視察とハルビンでココフツェフロシア大蔵大臣と会談する目的で旅に出る。ウラジオストックを列車で発った一行はボクラチニヤ経由西に進み、黒龍江（アムール川）東岸のハルビン（哈爾濱）駅に十月二十六日午前滑り込んだ。目的は当地まで出迎えたロシア大蔵大臣との面談であった。安重根は既に潜入しており、プラットフォーム東側駅舎（停車場）の北側から二本目に立つ瓦斯塔前付近、ちょうどロシア軍隊儀仗兵列東端背後にいたようだ。筆者の大伯父石光真清陸軍大尉がハルビンを根城に諜報活動を展開していたころから八年を過ぎている。

川上俊彦ハルビン駐在日本総領事、ロシア大蔵大臣に先導され後部客車から降り立った伊藤公爵は閲兵しつつ中央に戻る形で東に移動した。出迎えの南端に日本代表者、中央に向かって露国官憲、諸外国代表、清国軍隊、露国本部軍隊、日本人居留民会と並んでいる。

伊藤は歩度を緩め駅舎に向かって斜め右に方向を変えた。目前に並ぶ歓迎陣に接近し、清国軍隊と触れ合うようにしていったん西側へ円を描くようにもとの位置に戻り停車場建物に向かうとき、銃声が鳴った。八の字髭、丸帽をかぶり、ダブルの八つボタンコートで白襟まできっちりと着込んだ朝鮮人が真正面からピストルを連射した。伊藤は倒れた。短銃から発せられた弾丸は四発である。伊藤の面識がなかった安はさらに三発を別の集団に向けて発砲した。

「伊藤公は安重根の短銃で殺されたのではない。ロシア側の同時発砲によるものだ」(富田義文)という異説に対して、韓国研究院の崔院長は二度にわたった現地調査も加え、次のように考察している。

「安重根は直ちにロシアの警備隊員によって逮捕された。その転瞬、彼はウラー・コレアと韓国バンザイを三唱した。憲兵屯所に連行されていく間革命歌を歌っていたというロシア新聞の報道もある。一発ははねて別の角度から飛んだと思われる。ロシアが発砲した事実は立証できない。彼は逃亡の意思など全くなく、公判廷で真実を吐露する決意だった」

「さらに倉知鉄吉外務省政務局長は事件後一ヶ月も旅順に滞在し、伊藤博文暗殺事件が民族間の対立からではなく、あくまで一個人によるテロ行為で殺されたとし、事件の本質を矮小化することに意を尽した。倉知自身が〝韓国併合の経緯〟に書いていることである。安重根事件が韓国併合を促進せしめたという論は誤りだ。伊藤は併合に向かって着々と手を打っていた」

併合という目標をあくまで秘めておき、一挙に公表する道を探ったのが日本政府。崔はこのように考えていく。

逮捕後安重根はハルビンの日本総領事館で取調べを受けた。韓国併合前の保護国時代、日本は関東都督府を行政執行体として置いていたが、韓国人が外国で犯罪を犯した場合の取り扱いについて日本政府と統監府との間で結んだ司法協定によれば、現地領事館で領事裁判を行い、控訴審は長崎控訴院（高裁）で、としていた。海外における韓国人の犯罪も日本人と同じに扱うという意味であり、小村寿太郎外相は満州も含む旅順の関東都督府法院にもっていった。関東州は日露戦争中、乃木希典とステッセル将軍の休戦会議によって日本の租借となっている。当地は日本外務大臣の所管であり最終責任者は小村外相となる。関東都督府法院で裁判するとの決定は安重根を旅順監獄に移送することを意味した。旅順・大連は満州と中国本土に進出する日本の拠点として、日露戦役後、ロシアが持っていた租借権の委譲を受け、日本が開発と建設に努めた場所である。中国東北地方の金州半島の岬角にあり、天然の良質な軍港を形成し、波穏やかな景勝地でもある。

一九〇九年十一月一日午前十一時二十五分、憲兵一〇人、警察官一六人に護送され、安重根はハルビンを離れた。旅順監獄に収容されたのは十一月三日。処刑執行の一九一〇（明治四三）年三月二十六日まで四ヶ月余の一四三日間を過ごす。

当時の旅順監獄人的構成は典獄（刑務所長）栗原貞吉、監吏（看守長）研野熊次郎、中村三千蔵、穴沢貞藤、町田総次郎、松角常太郎、加藤清太郎、大森貞吉からなっていた。加えて一般看守六一人が勤務した。総勢九〇人だった。法院に通う間も、死刑宣告後も厳重な警備を必要とし、憲兵が看守役に狩り出されたりした。

崔書勉の調べによると、韓国在の統監府は境嘉明警視を旅順に派遣して背景調査に当たらせた。

取り調べるうちに境は安重根が特異な人格の持ち主であることに驚く。彼の人柄を知る手段として獄中において自叙伝を書くことを薦め、検察もその執筆を許可した。純漢文で十二月十三日から書き始め、翌年三月十五日に脱稿した自叙伝に安重根は〝安應七歴史〟と名づけている。胸に七つの黒子《ほくろ》があったためとされている。

韓国に来ている日本人は極悪非道、同じ日本人なのに旅順に来ている日本人はなぜにこのように慈しみ深くて手厚いのか……と安重根は驚きを綴っている。境についても実に好意的描写と好感に満ちている。

「韓国語がとても上手で、日々ともに談話した。日本、韓国人が意見をやりとりしても、その実、政見は互いに大きく異なるが、個人の人情でいえば、段々近づいてお互いに親密な昔の友人と違うことがなかった」

監獄の幹部についても人間的な歓びを十二分に表わしている。

「栗原典獄と中村看守長はいつも私を保護して特に手厚く待遇した。毎週一回風呂を使わせてくれたし、毎日午前と午後の二回、監房から事務室に連れ出して各国の上等な紙巻タバコとケーキとお茶で手厚くもてなしてくれたため、満腹になることもあった。三度の食事には上等な白米が与えられ、上等なシャツを着替えに供してくれた。綿の掛け布団を四枚も特別に供給してくれた。みかん、りんご、梨などの果物を毎日二、三個与えてくれ、牛乳も一日一瓶が提供された。これは園木通訳が特別にくれたものであり、溝淵検察官も鶏とタバコを差し入れてくれた……」

一切拷問を受けることなく思索に、揮毫に十分な時間を割り振れた獄中生活で安重根は東洋平和論の執筆にとりかかる。平石高等法院長が平和論を書くため死刑執行を一ヶ月延期できると言ったため、安重根は控訴を放棄して執筆に没頭したのだった。また揮毫とは、彼が余りに素晴らしい筆致で漢字を書くことから、司法関係者が絹布と紙をたくさん持ち込んだため、希望に添って進呈した果実そのものであった。

自分の骨はどこに埋葬されるべきか、安重根は年末に開かれた第一二回尋問に当たって境警視にハルビンと告げている。祖国に埋葬すべきでなく、願わくは遺骨は業為った伊藤博文殺害現場にと希望した安重根の願いを発掘したのも崔書勉が取り組んだ研究成果の一つであろう。韓国を占領した伊藤博文に対抗して各地に義軍を興し苦戦奮闘の末ハルビンで勝利を得た事実、韓国独立を見ないうちは故国の地を踏まないとの決意……、これらが遺骨を満州の地に埋め、祖国に主権が回復したあかつきに故国に遷葬せよとの願いに結晶した。

ハルビン駅プラットフォームには「伊藤博文公遭難地点」を示す標識がはめ込み式記念盤としていまに存在し、日本人会館内部には新海竹太郎謹製の伊藤公青銅銅像があることを崔書勉は現地調査で確認している。「往来する人は遭難地点に立てられた銅像に頭を下げさせられた」という韓国で有力だった説は誤伝である。崔は堂々と訂正できたのだった。

遺体は未発見

問題は遺体の行方である。第二次世界大戦に日本が敗北した日、旅順刑務所では保管資料を焼却した。四九年中華人民共和国による刑務所管理が始まり、残された乏しい史料は散逸した。崔書勉は外交史料館、法務省法務図書館蔵書史料から基本情報を探り、他の資料で補完しながら元宝村にあった旧大島町の旅順刑務所について成り立ちを固める一方、今津弘元朝日新聞社論説副主幹と本人を責任者とする安重根伝記編纂委員会を発足させ、安重根に関する正史編纂に乗り出す。同時に安重根義士墓域推定委員会を設け、処刑後埋葬された場所の特定作業を進めた。

旅順監獄址は中国政府が指定した文化財保護区にあり、満州経営時代の対日闘争を周知するため、社会教育場として活用されている。二〇一〇年に二〇三高地、水師営など日露戦争関係史跡を含め観光客に開放されるようになり、大連は新たな観光資源として世界的に売り出され始めたところだ。近代増築などにより刑務所の規模など大違いだそうだが、ブルドーザーでならすなど地上工事が加えられたりして、埋葬地が判然としない。

崔の研究は死刑そのものに絞り込まれた。関東都督府は安重根の強い望みから凶行地への埋葬を図るであろうと考え、民政長官名で遺体を遺族に渡さないと決定した。極悪犯を英雄化するような事態は日本として断固阻止しなければならない重大事であった。崔は日本における研究の助手を務めてきた長井泰治に関東都督府の関係資料を探るよう依頼した。長井の祖父加藤増雄駐韓全権公使は三浦悟朗の後任として閔妃虐殺事件の事後処理に当たった人物であり、長井は日頃祖父の研究に没頭している。

安自身は自分が処刑されるべき日を一九一〇年三月二十五日、つまりイエス・キリスト受難の日と定め、典獄や旅順民政署長（警察署長）にその旨上申し、これに合わせて安定根、恭根の弟二人が鮫島町一丁目十六番地の貴豊客桟に旅装を解き、遺体引き取りなどの準備に入った。二十五日はしかし李王朝高宗の誕生日「乾元節」当日であり、国際的にも死刑執行など不吉な執行は日を変えて実施する習いである。死刑執行日は翌二十六日に変わった。

安重根の兄弟は警察力によって旅館に閉じ込められ、当日午前十時（伊藤公死亡時間）に刑死が確認された後、典獄の呼び出しを受けた。栗原貞吉典獄は監獄法七四条と政府の命令によって遺体は渡せないと二人に通告した。

「しかし遺体に礼拝することを許す」

栗原に対して兄弟は激しく反論し、怒りを吐露した。

「監獄法七四条は死亡者の親族、故旧にして死体または遺骨を請う者あるときは、いつにてもこれを交付することを得、としている。すなわち遺体を引き渡すという意味である。死刑の目的は被告の人命を断つことによって終わる。その死体は当然遺族に渡されなければならない」

抵抗する二人をもてあました官憲は強制的に駅まで送り出し、刑事二人を護衛に貼り付け、午後五時大連行きの列車に乗せて兄弟を帰国させた。これら経緯は全て崔書勉が発掘した旅順民政長官が三月二十六日に記した安重根死刑後報告書に盛り込まれている。遺体引き渡し拒否は明らかに日本官憲が犯した国法違反事例である。

崔は安重根の自叙伝「安應七歴史」を発見入手し、東京韓国研究院名で公開した。死の直前まで安重根が享受できた人間的環境、人づくりを考える教育家であり、キリストを大切にする信仰者であり、優れた時局観と歴史観を持つ科学者だという新たな認識がこの自叙伝によって明らかになった。志の高い思想家という面は安重根に新たな照明を注ぐ契機となり、日韓両国で安重根研究が大きく進んだのだった。東京韓国研究院に寄贈された安重根の遺墨はその都度、ソウルの安重根義士記念館に展示されるようになった。また市川正明青森大教授は未完の東洋平和論の序説部分を発見し、研究はさらに高められた。

安の自叙伝によれば、明治天皇の戦争の詔勅とは日露戦争開戦のものを指している。原文を分かりやすく拾っておこう。

日露開戦のとき、日本が宣戦書中、東洋の大義を掲げ、東洋平和の維持と韓国独立を強固にするとありながら、いま日本はその大義を守らず、野心的侵略をほしいままにし、日本の大政治家伊藤博文は自らその功をたのみ、みだりに尊大、傍若無人のように驕はなはだしく、悪きわまり、君をあざむき世界の信義を捨て去った。これいわゆる天にさからうというべく、（中略）いま韓国の形勢危なること、祖国の亡びること朝夕にあり。

さらに、天皇を欺いて韓国民二千万人が日本の保護を受けるようになった現状を伊藤公の暴行とし、また列強をないがしろにする異端的行為と決めつけた。この賊を倒さなければ韓国は必ず亡びてしまう、東洋自体がまさに存亡の危機に曝されると伊藤暗殺の事由を挙げている。

当初、安には一二人の仲間がいた。左手の薬指を切り取ってあふれでた血をもって太極旗に大韓独立と血書し、要人殺しを誓う。だが機会に恵まれないままいたずらに時はたち、遂に独歩行を決意、ハルビンに伊藤が来ることを知る。土地の義兵将から金を借りて当面の運動資金百元を確保した安はさらに別人から五十元を調達したが不安は募るばかりだった。二人の協力を取り付けたものの完全に信頼する相手ではなかった。

彼は午前七時洋服に着替え拳銃を携帯して停車場に行った。プラットフォームにはロシア軍人が多数来ており、安重根は売店の中に席を見つけ二三杯茶を喫して列車到着を待った。伊藤を乗せた列車が到着したのは午前九時ころだった。伊藤の顔を知らなかった安は、小柄な老人でひげを蓄え、ロシア官憲が護衛する人物に狙いを定めて短銃を抜き、四発射撃した。さらに人違いしてはなるまいと思い、前面の偉容最も重い先行者に向かってさらに三発を撃ち込んだのだった。伊藤以外に傷を負わせた行為を安は獄中記で詫びた。

崔書勉は語る。

「いまだに安重根の遺骨は発見されていない。執行後監獄の裏山に一人寝棺の形で埋葬され、その付近を写した写真一枚が遺骨探査の鍵となった。座棺形式でないという特徴は探査上の特質であろう。しかし実地での計測と現地勢との比較に一致点が出てこない。したがってどこに埋葬されたのかわからない。そもそも安重根の遺骸は故国に遷葬すべきだと公式に考えたのは大韓民国臨時政府主席金九でした。大戦直後南北協商を図ってピョンヤンを訪問中、金九は金日成にこのむね提議している。金日成は旅順が現在ソ連の租借地なのでソ連当局の許可が必要、直ちにというわけにはいかない。南北統一後でもいいではないか、と答えたようだ。共産主義を唱えたことのない安重根を英雄として故国に遷葬するような民族主義的行事を行うことは当時のソ連軍政体制下では言いづらかったと想像される」

安恭根（アン・ゴングン）の子ども安偶生（アン・ウセン）はロシア語に堪能で金九の秘書を勤めていたが、金九は彼をピョンヤンに残し、安重根遺骸の故国返送作業について詰めを行うよう言い含めた。金日成はしばらくのち、安偶生を団長とする使節団を公式に中国に派遣している。安重根遺骸発掘を目的とした大連・旅順訪問団だったこと、北朝鮮で「安重根、伊藤博文を撃つ」という映画が完成したことなどから、金日成もまた安重根に高い評価を与えていたことがわかる。義士の出身地が現在は北朝鮮に属する海州だったことも親近感を覚えた一つの事由だったろう。しかしこのとき行われた調査行で北朝鮮は「遺骸探しは不可能、確認できず」という結論を出している。

韓国では国家報勲処を中心に独立闘争功労者の発掘と顕彰が永年継続して行われている。外国に埋葬されている愛国志士を故国に戻し、手厚く葬るばかりでなく勲章を授与して名誉を讃える運動だ。当然安重根を故国に迎える熱意、情熱と意義の再確認が韓国で火を噴いた。長井が調べ上げた資料に安重根関連の手がかりは見つかっていない、が、かつて国に貢献した朝鮮人の名簿は多数（二六〇〇人）発見され、報告を受けた報勲処《ポフンチョ》は大いに感謝した。

国としても、崔書勉のように民間の学術的努力を注ぐ側にしても、韓国に関する限り、発掘不可能の字はないようである。南北共同に近い形で「安重根義士遺骸発掘推進団」の設置がきまり、崔書勉は二〇一〇年四月末、その「資料発掘委員会」委員長に就任した。たゆみなく発見への努力は継続されていくに相違ない。崔書勉が三次に亘って実施した調査による安重根の墓域は、推定だが、北緯三八度四九分三九秒、東経一二一度一五分四三秒である。

第八章　金芝河問題と日本ペンクラブ

藤島泰輔と日本ペンクラブ

東京四谷の初等科から学習院中等科に進学した筆者の学級は壊滅した首都東京中心部を離れて武蔵小金井に移り、教員練成所跡地の貧しい木造平屋校舎で戦後の本格的教育を受け始めた。昭和二一（一九四六）年春である。校舎の東隣りにはこれも横長の木造平屋建て東宮仮寓所が並び、皇太子継宮明仁親王が住みついた。さらに東に紀元二千六百年式典（宮城前）で使われた光華殿が移築されており、西側一部は東宮学問用に利用されていた。

通学時間は私の場合鎌倉に住んでいたため片道三時間と長く、往復で言えば滞校時間より余計かかる勘定だった。ろくに窓ガラスもはめてなく、出入りは窓からという満員電車を乗り継ぎ武蔵小金井駅に到着すると、さらに徒歩で三十分田舎道を歩かなければ校舎に行き着かない。

新入生のなかに藤島泰輔がいた。デメキンと言えるほど目玉が大きく、一組から三組まである教室で一度も同室にはならなかったけれども、ませた少年だった。不良仲間の常連であり、校舎の影でタバコを吸っていた。気の利いた〝不良〟ならばクラリネットやトランペットあるいはギターなど楽器にのめりこむのだが、軟派の泰輔はよれたレインコートを身にまとい、襟を立て、よたって歩いた。

藤島泰輔は学習院大学を卒業する前年秋に相当量の小説を脱稿した。頼まれて私は彼に同行し出版社を訪ねては売り込みを図った。講談社に出向いたときだった。応対した編集長はでっぷり型の人を見下した態度を見せ、横柄さにむかついたが、怒ったら話にならない。

「だめだよ、これは。とても出せたものじゃない」

まったくにべもない。ぱらぱらとめくり読みされてこの発言だったから藤島は蒼白になった。手先が震えるのを必死で抑える姿にあわれを催した。だが、その場をとりつくろって私は藤島を立たせ、この人との会話を打ち切った。

先輩である三島由紀夫は逆に絶讃を惜しまなかった。ありがたい意見を手中にして奮い立った藤島はついに文藝春秋社から出版許諾の確かな契約を貰う。昭和三一（一九五六）年春、本は形になった。『孤独の人』である。私は共同通信社に入社し社会部配属となった。藤島は東京新聞社に入社した。出社した当日から東京新聞編集部のありったけの電話器は藤島宛の電話に占領された。文中次のような描写が話題のタネになったと思われる。

——級の中には人と人との友達関係を示す数多くの線があった。その多くは明らかに親友と呼べる関係の線だった。それらの線はふだんは頑強なまでに強靭にむすびついていた。それがこと宮をめぐる利害関係になると、化学変化のように飛びはね、もつれあい、そうして結局はばらばらになってしまう。その例を良彦（泰輔）はいくつも見た——

同級内の人間関係を皇太子を中心において観察したのがこの本の中身だった。泰輔にとって平等の立場とは誰とでも等距離を保つことであり、したがって差別なく交際するのが宮の務め、ということになる。皇太子はこれを人間否定と受け取った。級友の誰かを好きになることは自然の流れであり、きわめて人間的なありようだ。

メディアは新鮮な見方を『孤独の人』に発見し、藤島から談話をとろうとした。彼の勤務は僅か四日で終わる。本来取材に走り回るべき記者が取材対象にされたのでは、周辺が黙ってはいない。初めての作品がベストセラーになる。彼は小説家として徹する道を選ぶ。

一九七〇年台初頭、藤島泰輔は日本ペンクラブの会員になり、芹沢光治良会長、阿川弘之専務理事、石川達三・高橋健二・中屋副会長の時代に理事に就任した。一九七三（昭和四八）年五月、藤島はストックホルムで開かれた国際ペン執行委員会に出席している。その前年ユネスコ総会・理事会で中国代表が「非政府機関であろうとも台湾代表を入れるべきではない」と主張しており、国際ペンでも台湾ペンセンターの処遇を議題としたのだった。

「各国ペンセンターはペン憲章に賛同する承認された作家のみによって成立している。であるから政治的な考慮はすべきでない」国際ペンは明快だった。このような配慮は必要ないとしてユネスコ事務局に差し戻した。

このころアレクサンドル・ソルジェニーツィンの新作「収容所列島」に対する弾圧事件が発生した。ソ連最高会議幹部会議は彼から市民権を剥奪、国外（西ドイツ）追放を決めた。芹沢会長と高橋国際委員会委員長はブレジネフ書記長、コスイギン首相、ソ連作家同盟に抗議文を突きつけた。

時代の動きが平和で穏健な団体に波及するケースは、団体会員が抱く市民意識を大きく傷つけられたとき、より鮮明な姿を伴って現れるものだ。特に言論、表現、出版の自由が脅かされたとき、あるいはおびやかされるような状況が起きたとき、作家、思想家、編集者、出版関係者が抱く危機意識は「闘争」に質を変えていく。

崔書勉の提案

朴正煕が自己の軍人的発想に舞い戻り、国のためという美名に隠れて自分の価値観擁護に異常な関心を寄せ、反対者を排除し始めた「維新革命」が起こると、市民生活は非常戒厳令の下で圧迫された。時局を鋭く風刺する「五賊」が発表されると七四年四月警察は作者を全国指名手配する。こうして朴政権による韓国詩人金芝河（キム・ジハ）の逮捕、投獄事件が起きた。極刑を憂慮する空気が国際的に広がり始め、同年五月に開かれた日本ペン緊急理事会に大きな衝撃を与えていく。

事態の推移を見極めてから行動しよう。日本ペンは直ちに抗議することを避け、可能な限り情報を集めてから態度を決め、国際ペンに報告する態勢を整えた。日本ペンの国際委員会委員長だった高橋健二が欧州旅行に出ていたことも先に延ばした理由である。ソウルの非常軍法会議は七月十三日金芝河に死刑判決を言い渡した。金達寿（キム・ダルス）、李進熙（イ・ジンヒ）ら在日朝鮮人作家はキム・ジハらを助ける会と呼応し、釈放を訴えてハンストに入った。日本ペン国際委員会は七月十六日高橋委員長、加瀬英明、斉藤襄治、白井浩司、藤島泰輔各委員それに崔書勉準会員が出席して開かれた。

韓国ではこの体制下、軍事裁判責任当事者は徐鐘喆（ソ・ジョンチョル）国防部長官であり、減刑の権限を握っている。金芝河助命を要請する電文「日本ペンクラブは、貴国の国際的詩人金芝河氏の運命について重大なる関心を寄せている。氏の生命を救うために閣下の特別なる考慮と寛大なる処置を要望する」を翌十七日打電した。

参考人の立場で国際委員会に出席した崔書勉は発言を求めた。どうぞ、と許され、崔は自分の意見を述べた。

「韓国の裁判は厳しい判決をするが、周囲の反応をみて減刑する傾向があります。このさい、減刑要請に韓国に行けば効果があります。私は国際委員の中で韓国通とみられている藤島理事が減刑要請のため至急訪韓し、国防長官と会って面談するのがいいと考えます」

高橋の「ＰＥＮ随想」によれば、かなり強い主張であった。崔書勉は韓国人であり、日ごろ、韓国駐日大使よりも実力を備えた人物というイメージで扱われていたことから、崔発言は重視されるのである。石川達三、高橋健二両副会長と藤島理事は別途協議し、訪韓趣旨をしたためた速達を全理事に出して承認を得ることとした。電話で回答をもとめたところ、ほとんど反対はなかったという。

言論弾圧に非ず

国際的抗議の高まりが効を奏したのか、七月二十日金芝河は無期懲役に減刑された。これを見て石川、高橋はペン事務局に「死刑を免れたのなら急いで訪韓する必要はない、見合わせたらどうか」と連絡した。しかしこういう場合すばやく行動に移す崔書勉のこと、藤島と白井浩司理事への渡韓準備はすべて整っていた。井口順雄事務局長も含めて三人、韓国まで行けばなおいっそう減刑の方向で働きかけることができるとし、両副会長の判断は棚上げして三人は韓国に向け旅立った。

ソウル入りした三人は韓国ペンクラブの白鉄会長、李奉来（イ・ボンネ）副会長ら幹部、国会議員・与党文教委員会委員呉周煥（オ・ジュファン）、新民党代弁人蔡汶植（チェ・ムンシク）らと精力的に面談する。一連の会見で韓国側が示した見解は、〝金芝河の逮捕は政治活動に対して行われた〟直接彼の文学作品を槍玉に挙げてなされたものではない——にあり、この見解を一貫して通した。特に蔡議員は「起訴状の冒頭に彼の詩作品「五賊」「蜚語」が記されているのは人物紹介のために過ぎない」と主張した。

藤島が白井理事と共に国防部を訪ね、徐長官と会ったのは七月二十九日である。握手を終えると長官は「日本ペンクラブからの電報は、裁判に携わる私たちに深刻に考える余地を与えてくれた」と述べた。これに対して藤島は礼を述べ、いっそうの減刑を要請した。ただし、この部分は新聞報道では「藤島理事は金芝河が無期懲役になったことについてお礼を言上するために国防部長官を訪問した」とされ、物議をかもす原因となる。さらに徐長官は藤島らに、キム・ジハの逮捕が北朝鮮の脅威、南北の軍備力、民青学連事件と関連づけるような経過説明をした。

このあたりから歯車が狂い始めている。長官訪問が終わりホテルに帰ろうとした日本側理事二人を白鉄会長が引き止め、「韓国の記者たちが会いたがっているから、ちょっとでいいから顔を出してほしい」と頼み込んだ。全く予定にない会見だったので二人は気が進まなかった。だが、白鉄会長の要請を突っぱねることもできず、断りきれずに韓国ペンクラブに行く羽目になってしまう。待ちかまえていたのは韓国人記者だけではなかった。日本の特派員たちもあらかた顔をそろえていた。飛んで火にいる夏の虫であった。藤島のナイーブさ、ガードの甘さも手伝って、しゃべらされ、誘導され、思わぬ結果を招いてしまう。

「金氏に死刑判決が出たため、日本ペンクラブは七月十七日助命嘆願の電報を打ったところ、二十日に無期に減刑された。このため国防相に会ってお礼を申し上げるのと、事件についての韓国ペンクラブのお考えを聞くのが目的だった」

さらに戒厳令下という日本では想像もつかない抑圧にさらされている現状を深く読み下すこともせず、お世辞を口走る。

「日本で報道されている以上に韓国政府が文化政策を重視し、文化人を大切にしていることがわかった」

翌日の新聞見出しに「訪韓の日本ペン代表語る、〝金芝河氏無期判決、言論弾圧と言えぬ〟」（読売新聞七月三十日朝刊）などが派手に踊った。では二人の理事は記者会見で何を語ったのだろうか。「日本ペンクラブ五十年史」が取り上げた記録にその内容をたどってみよう。

恐らく日本ペンも和紙報道だけに頼ったかと思われるが、①金芝河が処罰されたのは文学活動のためでなく、国家転覆資金を民青学連に渡した政治活動のためである②したがってこれは言論弾圧ではない③金芝河事件が言論弾圧と誤解されないよう国際ペンに報告するつもりだ、と発言したことになっており、「当局側の説明を代弁した感じに終わっている」。

藤島はさらに自分の発言内容を次のように説明した模様である。

「金芝河が無期懲役に減刑されたことに〝お礼〟といったのは、あくまでもいっそうの減刑を要請するためのマクラのつもりだった」

日本ペンクラブが減刑要請のため韓国を訪問したと受け止めていた記者側は、そこにお礼という言葉が出たことを重く見たものと思われる。ニュアンスの差が記事に反映された。ソウル発の記者会見報道は日本ペンの体質を疑わせる内容をはらんでいたため、大きな騒ぎとなった。

三十日午後帰国した藤島、白井両理事は日本ペンクラブに集まった七〇人余りの報道関係者に捕まり、一問一答を繰り返した。助命嘆願電報の打電から訪韓までの経過を説明した藤島は韓国における調査活動について、

「ゆき過ぎた行為をすることによって韓国ペンクラブに迷惑をかけてはいけないという点に最も神経を使った。韓国ペンが今度の事件を政治的事件と見ている以上、私たちもそう考えざるを得ない」と、答えた。

白井理事はこう発言した。

「ソウルに行って日本ではわからなかった〝北の脅威〟を強く感じた。現在の政治体制を自由・民主的であるとは思わないが、今回の事件はある程度やむを得なかった」

朴軍事政権支持とまでは踏み込まないにせよ、作家二人が韓国政治体制に理解を深めた認識の吐露は衝撃を与え、波紋を広げた。一般社会に与えた影響もさりながら、日本ペンクラブ会員が自らの意思で退会通告に走り、ペンクラブの組織上崩壊をもたらす勢いとなる。まず有吉佐和子が事務局に退会を告げ、その理由を報道各紙に談話の形で発表し掲載された。これに習ったのが司馬遼太郎理事、安岡章太郎理事であり、八月二日までに瀬戸内晴美、水上勉、黒岩重吾、立原正秋、瀬沼茂樹、宗左近、寺山修司ら会員が続々退会していった。

異常事態を前に芹沢会長はジュネーブにて静養中だったが、東京にいた令嬢が電話で容易ならぬ問題が起きたと告げる。事務局からも八月五日緊急理事会を開くと連絡が入った。旅行シーズンのためすぐには航空券が手に入らず、芹沢会長は声明文を書き上げ、電話を通じてこれを発表した。朝日新聞所載七四年八月三日付けによると内容は次の通り。

「この一両日、東京からの電話で、日本ペンクラブの理事二人のソウルに赴いた結果が、日本のジャーナリズムに大きな波紋を起こしていることをはじめて知って驚き、心を痛めているところです。

かりに韓国ペンクラブの要請があっても、現地で言論表現の自由が抑圧されているかどうか調査するには、現在の韓国の情勢では困難であり、あらかじめ十分な用意と細心の注意とが必要であって、その用意なしに二人の理事が韓国に赴いたことは悲しいことであったと考えます。

そのうえ二人のソウルでの発言と行動が多くの新聞や電話が伝えるものであれば、これはまったく国際ペン憲章に従って言論表現の自由のために活動してきた日本ペンクラブの精神と伝統に反するものであって、伝えられるところが何かの誤りではないかと、わたしは疑うくらいです。しかし、それが誤りでなく事実とすれば、二人の発言と行動は、二人の個人的なもので、日本ペンクラブでの理事会も関知しないものだとわたしは信じます」

野間宏が議長に、堀田善衛が事務局長にあった日本アジア・アフリカ作家会議は日本ペンクラブに対し抗議文を送りつけた。

訪韓両理事がソウルの記者会見で「金芝河氏への有罪判決は文学活動ではなく政治活動に基づくものであり、したがって文学活動に対する言論弾圧ではない」と発言し、帰国後の記者会見でも同趣旨を繰り返したのは、日本ペンクラブが先に行った金芝河への助命嘆願と矛盾するばかりでなく、詩人金芝河に対する冒瀆である……

組織上の危機にまで及んだ事態をみて驚いた韓国ペンは白鉄会長を八月三日日本に送った。石川副会長ら日本ペンクラブ関係者に事情を説明するためだった。訪問を受けて五日、ソウルでの記者会見時の事情などを聞いた後、石川、高橋、中屋副会長、三浦朱門常務理事は午後四時から七時まで緊急理事会を開いた。出席したのは阿川弘之、巌谷大四、遠藤周作、大久保房男、杉森久英、田辺茂一、徳田雅彦、中村光夫、新田敞、原卓也、村上兵衛、村松剛、矢口純、安岡章太郎、山本健吉。このほか当事者である藤島泰輔、白井浩司だった。

席上、井口事務局長は藤島、白井両理事から理事辞任届が出ていると述べ、討議し、次のような結論を確認している。

一、訪韓団発言は個人的見解であり、日本ペンクラブの統一見解ではない。日本ペンとしては韓国に言論の弾圧があると思う。韓国での記者会見自体は訪韓団が犯した手続上のミスである。

二、今後の収拾策は理事会の責任問題を含め、芹沢会長帰国後結論を出す。理事の辞任届はそれまで石川副会長預かりとする。

野坂昭如、村松剛らの動き

三人の副会長が記者に会ってこの確認事項を示したが、新聞報道は責任回避に懸命（毎日新聞）、逃げ逃げペンクラブ（読売新聞）などまともに取り扱わなかった。石川達三が責任追及を避け、かばうような姿勢を見せた点は逆に注目されたようだった。九月九日会長帰朝、翌十日の幹部会議で日本ペンクラブ再建委員会を発足させる方針を打ち出した。また芹沢会長は再建委員会発足を期に辞任する意向だと進退問題に触れ、さらにペンの理念は思想・言論の自由擁護と文化交流の二つだが、これからは言論の自由を守ることに努力すべきだと述べた。いわば原点に帰って再生しようと呼びかけたものである。

これまで外野席で発言していた生島治郎、五木寛之、野坂昭如、藤本義一、三好徹の五人はそれぞれ仲間と語らい、川上宗薫、早乙女貢、半村良も参加して日本ペンクラブに大量入会しようという動きになった。新しい血を注入し、体質を改善し、理事会メンバーを一新するという彼らの意向は衝撃的だった。

理事の一人村松剛は崔書勉の滞日三〇年（一九八七年開催）記念の集いで司会役を担当するなど大変崔書勉と親しい文学者だった。村松は黛敏郎、藤島泰輔と鼎談に名を連ねるなど、藤島とも深い交流を維持していた。だが、「実はね、村松は藤島とは二度と同席しない。相容れない人物だと私に言うようになった。私は、自分と藤島君とは信頼関係で結ばれており、君がそういってもこの関係をひっくり返すようなことを私はしないよと釘をさした」と、崔書勉氏は筆者に何度も語っている。日本ペンクラブの事実上の崩壊が藤島泰輔の訪韓と発言を原因として発生したことは、脱退、退会文士はいざ知らず、多くの会員がいっせいに藤島に背を向けた意味になる。

突き詰めれば藤島がもともと持っていた保守的色彩が金芝河問題で剥きだしになったことが騒動のきっかけである。それだけに、藤島がのさばるような日本ペンはいらない、改めなければならない。そういう機運が一気に噴き出した形であった。二五人に達した入会希望者の中には、小中陽太郎、阿部牧郎、飯干晃一、石堂淑郎、井上ひさし、長部日出雄、川崎洋、新橋遊吉、鈴木いづみ、田辺聖子、佃実夫、筒井康隆、堤玲子、本田靖春、眉村卓、宮原昭夫、森村誠一が挙げられる。

個人が加入する建前を守りたい石井らは集団加入という形の手続きになじめず、扱いを十月二十四日の緊急理事会まで保留とした。そこでようやく入会を承認し、同月三十日東京會舘で臨時総会を開いた。爆弾発言をやってのけたのが野坂昭如だ。

「土岐雄三常務理事の財政報告にあるように財政的に苦しいペンの訪韓代表たちがなぜファーストクラスで日本～韓国を往復したのか説明を求める」

高橋副会長は、「金芝河が死刑から無期に減刑されたので訪韓は必要ないと思っていたが、二理事が手続きを終わっていたし、さらに減刑されればよいと考えて送り出した。しかしファーストクラスで行ったとは知らなかった」と説明した。芹沢会長も「これまで国際大会へ出るのでも手弁当で出席する形だったのに……」と発言した。

小中陽太郎は別の角度からペンを批判する発言をした。

「私はＡＡ作家会議と金芝河氏らを守る会（小田実代表、井出孫六、大江健三郎、袖井林二郎、日高六郎ら）の一員として八月の緊急理事会に抗議の公開質問状を提出したが、ナシのつぶてだ。正規の団体が質問状を出したら回答ぐらい出すようにしてほしい。もっとオープンな運営を」

筆者は藤島泰輔がこの時点で作家として死んだと思う。このままでは朴大統領を擁護した文化人として、色目で見られるしかないであろう。韓国の為政者にとっては現体制の日本人理解者としてありがたい存在になり得るかもしれないが、日本で足場を失ったのであれば、そのような評価は一文の得にもならない。彼は全てを失った。

荒正人、北條誠、黛敏郎、桑原武夫、山本健吉、円地文子など三五人が再建された日本ペンクラブ理事に就任し、定款の目的にある文言「言論の自由を擁護し」を「言論、表現、出版の自由を擁護し」に変えた。

臨時総会は第六代会長に中村光夫を選ぶ。当日決まった他の人事は山本健吉の副会長、佐伯彰一の専務理事、杉森久英の常務理事で、旬日を経ずして副会長に桑原、常務に土岐が加わった。補充理事には奥山益朗、新田、矢口純、五木寛之、野坂昭如が入った。こうしてペンは再建され、過去四〇年の歴史を一区切りとして再発足した。一九七五年五月には新会長に石川達三が就任した。村松は野坂、土岐とともに常務理事に選ばれた。

新人の大挙入会は侵略に近い。「四畳半襖の下張り」で出版社締め付けの動きを出版の自由への脅威と受け止めている野坂昭如を例にとれば、石川達三が考える「自由には二つある」信条（七五年六月二十日）と真っ向からぶつかるしかない、一歩も譲れない第一義的な自由と、ある程度譲歩・妥協できる自由があると思うのは、法治国家に住む以上社会秩序との協調は止むを得ない。これが基本的な石川の立場だった。

新会長の発言から類推すると、「藤島泰輔は若いながら完全な自由などありはしないとの立場において韓国の現状を肯定した人物」という〝わけあり論〟に立ったことになるだろう。食らいついたのは小中陽太郎、五木寛之、早乙女貢、三好徹ら一五人の有志会員だった。「石川会長発言は、ペン憲章からいって承服しがたい。これがペンクラブの総意だと思われては困る」のだ。言論の自由はあくまでも一つであるのが大原則と主張する若手のアジリ方はアンポ闘争を実地でこなしてきただけに政治的とすらみえた。彼らは会長が「日本ペンは金芝河問題に振り回されている感じがある。政治的問題は避けたい」と発言したとき（七六年四月八日）、彼ら改革派を代表する形で野坂は会長批判を激越に展開した。下張り裁判で有罪判決を受けた直後だったこともあり、反論に立ち上がった石川会長は「野坂君は軽率な自由の行使によって、自ら自由の一部を失うと同時に、我々文筆人の持つ自由もまた、その一部を今度の判決によって奪われた。真に守らなければならない自由のためには、ある程度自主規制しなければならない」と述べ、一歩も退かなかった。

野坂らは日本ペンを全学連並みに扱った嫌いがある。大人の、文学を大切にする豊かな素地をひっかき、傷つけたのは跳ね上がった彼らの行き過ぎとも考えられる。

肝心の金芝河は七五年二月十五日朴大統領の「刑執行停止措置」によって十数ヶ月ぶりで出獄した。直ちに「苦行——一九七四年」を発表し、日本向けに「反独裁・韓国連帯」のアピールを出したところ、三月十三日再び逮捕された。

日本ペンとしては、国際ペンと韓国ペンクラブに電報と書簡を送り、重大な関心を表明した。韓国ペンは再逮捕の直後執行委員会を開き、「一刻も早い解放と、治療を受け、作家活動を続けられるようになることを希望する」趣旨の決議を出した。公判を傍聴して少しでもペンの姿勢を示そうという国際ペンの提案を容れ、土岐常務理事と大野明男オブザーバーが韓国を訪問したのは七六年三月だった。二人に対し、韓国側は「詩人金の逮捕は反共法違反を理由としている。言論・出版活動に対するものではない」とかつて藤島に伝えたのと同様の主張を展開した。

一連の動きに対して日本ペンが金問題に振り回されている、もう願い下げにしたいと石川が発言したのは七六年四月の理事会席上だった。その後ことあるごとに大いに不快感を表した石川達三だったが、ついに会長職を退いた。七月一日、高橋健二が第八代会長就任を受諾した。さらにいえば、金芝河は結局生き抜き、自由を得ている。

日本ペンクラブが初めて国際ペン大会を東京で開催したのは一九五七年、川端康成会長の時代だった。共同通信社社会部遊軍記者だった筆者は日夜この行事に出席し報道した。イタリアから「仮想舞踏会」「ローマの女」などの著者アルベルト・モラヴィアが来ていた記憶がある。たしか当時の国際ペンクラブ会長だった。敗戦時から鎌倉市に住んでいた関係から、聞いたり見たりした作家の実物が多数参加している大会はそこにいるだけで価値があった。

二度目は井上靖が会長時代の一九八四年である。そして二〇一〇年三回目として実に二五年ぶりに国際ペン大会を東京で開いた。招聘作家とプログラム作成さらには開催資金手当で事務局は

多忙を極めた。リーマンショック、さらにはギリシャの破産により世界経済は急速に下降してお
り苦戦しながら開催を実現した。
騒ぎが静まったころ村松、小谷ら三人がネクタイを持って崔書勉を訪問した。藤島を助けるあ
なたとは縁を切る、これはそのための最後の土産だ、と手厳しい。
「日本ペンクラブを私は国のものと見る。韓国ペンも国のものと見る。国として考えるならば、
藤島はむしろ両国理解のために貢献した人物だ。ペンクラブを君らは自分の持ち物と見て言動の
基礎としている。立場が違う」
以降、村松剛は崔に心酔したという。
この章執筆にあたっては吉澤一成事務局長のお骨折りを頂戴した。日本パブリック・リレーシ
ョンズ協会副会長（サントリー東京広報部長）の要職にあったころから親しい仲である。

第九章　未来に向けて

それぞれの思い

ソウル特別市南山。一九一〇（明治四三）年八月二十九日韓国併合に関する条約が公布されてのち、中腹に朝鮮神社が建立された。主権回復後、跡地に建ったのが安重根義士記念館である。これまでに筆者は二度訪問している。義軍中将の肩書きを持っていたこと、書を良くすること、詩才に恵まれていたこと、穏健で礼儀正しく、信心深いキリスト教徒だったこと……、投獄されていた旅順監獄内で日本人を含むほとんどすべての人々が安重根を尊敬し、敬慕し、愛していたであろうと実感できる場である。

二度目には認知症患者を介護する韓国人で特別非営利活動法人心身機能活性療法指導士会が実施している運動療法をマスターした女性を伴った。四十歳前後の日本語を自在に操るその人は、息を呑んで、展示物の前にたたずみ、

「感動しました。初めて来ました。初めて知りました。連れてきてくださったこと、本当に感謝します」瞳を潤ませた。

「この方がいま繁栄を重ねている貴女の韓国を創った先駆者なんですよ」

筆者は女性に語りかけた。一般の市民らに正史を教えることの尊さをかみしめながら、筆者は、韓国国民でも当地に来たことがない事実を知り、日本人との落差がそれほど際立っていないと考えた。同行した小川真誠理事長が指導士会会長である筆者に言った。

「歴史を学ぶことの尊さを教えていただきました。いつも訪韓したとき、自分の仕事にばかり熱中して日韓について考える閑もないのですが、本日は勉強できて幸せです」

崔書勉は新進党時代の小川一郎代議士が「最も意義のある場所に連れて行って欲しい」と希望したとき、訪韓の日程を割いて、金九の墓に伴った。

日韓問題とは、なにか。考えるのも結構だが、買い物に夢中になるばかりでなく、韓流映画人の後追いをするだけでなく、エステに通うばかりでなく、一つだけでもいい、史跡を訪ねて温故知新（ふるきをたずねてあたらしきをしる）の一端を実行したらいかがだろうか。過去にこの国で日本人がしたことを少しでもかえりみるならば、韓国人とどう向き合い、何を語り合い、どんな目標に力を合わせていけるか、筋道が見えてくると信じるからである。

筆者の友人明石元紹について崔書勉氏が冗談交じりに嘆じた片言を思い出す。韓国併合直前の五月、陸相寺内正毅は現職のまま第三代統監に任命され、韓国警察は統監府に移管となった。七月一日明石元二郎韓国駐箚《ちゅうさつ》憲兵隊司令官が統監府警務総長を兼任して、憲兵中心の警察制度を発足させた。日露戦争時代モスクワに潜入、スパイ活動を実行した明石陸軍大佐は元紹の祖父に当たり、台湾総督になったころから善政を敷いた指導者としていまもなお台湾で尊敬を集めている。ところが韓国では徹底した締め付けを実施した悪玉であり、八月二十二日、寺内統監が李完用（リ・ワニョン）首相と併合条約に調印するまでお膳立てした責任者だった。崔は明石とも親しく口をきく。崔にとっては過去に囚われず、全角度で日本人と交わる恰好の相手として明石元紹が大事なのだと思う。

韓国に触れるとき、いつも「人間・崔書勉」の存在を忘れることが出来ず、韓国といえばまず、かならず崔の顔が浮かんでくるというのは元朝日新聞福岡総局長の西村多聞記者である。名古屋本社社会部デスクから東京本社政治部デスクに移った頃合、ある宴席に招かれた。円卓左隣の席に座を占めた人物が指名されてスピーチしたとき、「堂々としていて、即興のスピーチは機転とユーモアに加えて細やかな心情にあふれ、しかも見識の深さをうかがわせる内容だっただけでなく、起承転結のゆきとどいた実に見事な話し方。今日の日本人には、まず、いないな」と感じ入った。そこで名刺を交換し、崔書勉を知ったという。

崔書勉の知識の広さ、学の深さ、抜群の行動力、交際の大きな広がり、故国を思う真情の熱さ……どれひとつとっても並みの男ではない、と西村は感嘆する。逆風、激流の中を生き抜いてきた重みとでもいおうか、一口では言い表せない雰囲気が人間崔書勉の迫力を醸し出している、西村はこう感じる。

さらに言葉を重ねる。人間としての重み、厚み、深み、広がり、温かみ、物事の確信を見透す洞察力、ずばり本音を指摘する勇気と分析力、そして謙虚さ……。西村という男が男にほれた言葉ではないだろうか。

崔書勉の真骨頂は研究者を集め、研究を組織化し、研究の場を提供し、そのスポンサーになることではないか。経営上の優れた才能に注目したのはキリスト同信会伝道者だった藤尾正人だった。東洋大学東洋学研究所に属した槙浩史博士が描く崔の姿とは、いつも変わらない豪放磊落な言動と賢愚の人を問わず胸を広げて対話を分ち合う抱擁力、そしてなにごとでも徹底的に解明しないとおさまらない不撓不屈の精神だ。

国際東洋学者会議、俗にオリエンタリスト会議と呼ばれる学会にも崔書勉はマメに出席し、第二十九回パリ会議では村上四男和歌山大名誉教授、阿部吉雄、井上秀雄、姜英勲ワシントン韓国研究所長、スキルレンド・ロンドン大教授らと親しく交わる機会を得た。

こうした活動は個人的な範囲にとどまらず広く韓国の文化振興活動の一環としてとらえるべきであろう。先述したように、東京韓国研究院に補助金を出していたのは文教部（文部省）社会教育局であり、社会教育局長が管轄する機関の正式活動であった。

七三年ころソウル新聞駐日特派員は李禹世（イ・ウセ）だった。夫人李鳳雨（イ・ボンウ）はやがて東京韓国研究院司書となり、同僚となった佐藤洋子、川里美沙子、小林秀子、里見キヨ、山路時江、金秋美と狸穴の洋館事務所で机を並べた。港区三田の三田NKビルに引っ越したときは蔵書六万冊をことごとく職員らの手で運んだ。国際関係共同研究所も移転し金山所長の豪快な笑い声が響くようになった。新館にはエレベーターがあり、大型エアコンが設置され、最新式コピーマシン、製本機が整った。朝ソウルに飛び立ち、夜帰京する院長は多忙を極めたが活気にあふれ、持ち帰る貴重本がまたたくまに増えた。韓国の特派員がのべつひまつぶしにやってきた。

この李夫人が書き残しているのだが、「全斗煥（チョン・ドゥファン）大統領時代になってなんらかの打撃があったのではないか」、彼女はこう思った。彼女は「崔院長はソウルの自宅さえ売り払い、研究院の運営費に当てた」とも記している。推測だが、補助金打ち切りを全政権が決めたに相違ない。東京韓国研究院はどん底につきおとされてあえぐ。だが、李夫人によると、三田の研究院舎が第三者に購入され危機を乗り切ったという。

「私はここ日本から韓国を見ることができたことを大変幸せに思っています。同時に私は日本を心から愛しています。わたしたちの研究院が必ず両国のために役立つ存在になれると信じています」

崔書勉がかつて日本の英字紙に語った言葉である。彼は高いプライドをもって伊藤公を暗殺した安重根の心を「わが心」として日本人に語りかけている学者である。絞首台にのぼったとき、安重根は白無地の上着と黒色のズボンを身につけ、懐に聖画を納め、すこぶる沈着、顔色もよく、言語に乱れなく従容自若としていさぎよく死に向かった。典獄に問われ、「本日臨検の日本官憲各位も願わくは東洋の平和を求めていただきたい」と答え、絞首刑の寸前白布で目を覆った。時に午前十時、同十時四分絶命した。

「一人の人の力はときに国以上に大きい」

そう言って親交を結んだ政治家は長谷川峻だった。中野正剛の書生を勤めた因縁から崔書勉と深くつきあうようになったのだが、長谷川の表現するところ、崔書勉に与えただけでなく、安重根に与えた言葉であったろう。

劇作家北條誠は拙著『美智子さまの恋文』（新潮社）で皇后から筆者に下賜されたご成婚前後の心境を綴った文と関係を持つ。光文社女性自身誌上北條が扱った資料に同根と思われる書きものがあったからである。北條は全文を筆者に託し、使えるのはあなたしかいない、と遺していった。二〇〇七年上梓の際、北條の墓参りを済ませたのだが、どういうわけか妻に「私に不幸があった場合は崔書勉を頼りなさい」と遺言しているそうだ。

「余、死してのち、崔に会え」

ですからおめもじをと、未亡人は実際に崔書勉を訪ねられたそうである。彼は言葉を失った。

「一体、どういう意味合いだったんだろうか」

崔書勉氏に問われて筆者も絶句した。

彼との接点を追っていくと、触れなければなるまいと思うのが日韓協力委員会で理事・事務局長を務めた小河原史郎である。岸内閣の特使として昭和三三（一九五八）年戦後初の日本人訪韓者。李承晩大統領と会見し日韓国交回復に尽力した矢次一夫国策研究会創始者。この人が帰国して日韓協力委員会を組織した。ある日矢次が新聞記者に問われて「その問題なら麻布の崔書勉院長のところに行くが良い」と答えるのを耳に入れた。昭和五八（一九八三）年矢次が亡くなると、岸信介協力委会長から日韓関係に専念し日韓協力委員会を活性化するよう命じられた。そのとき思い出したのが崔書勉であった。

「韓国と韓国人を理解するにはこの院長のすべてを吸収してみよう」とホテルオークラ裏にあった崔のマンションで数ヶ月押し入り寄宿した。実際に暮らして分かったが、院長の睡眠時間は四時間だった。普通人に比べて半分である。それだけ一日と一日との間が短い。小河原は八七（昭和六二）年秋、同行してウランバートルまで旅をした。目的は韓国地図のルーツを求めることだったそうだ。蒙古襲来の折、高麗の王は江華島に逃げ、島に拠って戦った。海戦に不慣れなモンゴール軍は攻めあぐねて引き揚げた。これを見て西洋人は高麗とは島に違いないと信じ、朝鮮半島を島として地図に書き込んだ。このように推定した崔書勉は自説を裏付ける資料を蒙古に求めたということになる。このとき協力したのが代議士では長谷川峻、民間人では末次一郎である。

蒙古語とハングルは似ているらしい。〇〇チというように語尾がチとなる例が多い。キムチに似ているというわけだ。小河原は若くして死亡する。未亡人となった清子は背丈のすらっとした美人であり、気の毒な境遇に置かれた。崔書勉は史郎を偲び、皆で仲良くやっていけるような場を持とうと、日韓談話室を創設した。代表世話人に岸信介の秘書だった堀渉を据え、韓国専門と言っていい六本木在の旅行社OZインターナショナルとフランス料理店シャルトルーズのオーナー寺田佳子、矢次の秘書だった嘉陽嘉枝それに小河原清子を世話人に指定した。日韓協力委員会はこれを見て「小河原夫人の世話人就任は認めがたい」と反対、波風を立てたくない清子は遠慮して即世話人を辞退した。

既に深く触れてきたように、金山政英第二代駐韓大使と崔書勉院長との仲はただならぬものがあった。ただならない仲というのは崔院長の両親が眠る崔家の墓地と隣り合わせに生前だというのに、自分の墓を建立した事実に宿る。金山自身、自らの墓を検分に出かけている。身体不調のため二度ほど入院したとき、崔は金山の三男成吉に、「まさかのときには韓国に作ったお墓に埋葬すべきである。家族の同意が得られないときは小指の一本でも分骨するべきだ」と語った。

死んでからも日韓友好を願っていたい、と再三希望していた金山の気持を大事にし、実際にわれわれは金山の分骨埋葬式を挙げるためソウルを訪問した。都心から北に約半時間、キリスト教徒埋葬地ともいうべき墓所に詣で、花束を添え祈りを捧げた。われわれといった意味は当時すでに筆者は崔書勉の推薦により、日韓談話室代表世話人となり堀渉と並んで談話室の運営に当たっていたからだ。非常な感慨に耽ったのは筆者の名前まで金山の墓石横に刻まれていたことだった。崔家の墓所は平地にあり、そこまで登ってくる斜面では最近の激しい降水で地盤が崩れ、多くの墓が倒れていた。多分万が一崔書勉亡きあとは兄弟のように並び、あの世でも、友情という絆に結ばれ続ける二人であろう。

韓国で最も存在感のある政治家金鍾泌は近年人を避けるまで心身不全に陥っていると聞くが、訪韓する度ごとに夕食会をもって歓待を尽し、在任中の仕事について物語るのを習慣とした。彼を与党の代表と見れば、野党の代表格で元国会議長金守漢（キム・スハン）韓日親善協会中央会会長もまた、腹を割って日本人と話を交わすありがたい人物である。崔書勉を囲む日韓談話室であるからこそ、稀有な機会に多々恵まれたわれわれは幸せである。ソウル訪問の折にかつて外相を務めた李東元を和食の席に招いたことがある。また古き良き時代の、日本にならえば五五年体制下の政治家たちが出席したレセプションに招かれ、一人ひとりの役職と仕事ぶりを思い出しながら杯を挙げた思い出も重ねた。

竹島・独島問題と崔書勉

崔書勉は韓国側で独島について論理をもっと発展させ、日本を説得する必要を覚えている。

感情的に対応し続けるならば「独島は日本のものだ」と主張するのと同じ事態になる。そう警告する。

日本側にある竹島の資料は竹島が日本のものだという証拠に乏しい。だからこそ日本にあるべき資料調査を急がなければと説く。竹島あるいは独島研究のために第一に為すべきは金玉均（キム・オッキュン）が独島についてどのような関心を抱いたか探ることだという。金玉均は一八八一（明治一四）年以降二回日本を訪れたとき、長崎で鬱陵島《ウルンド》産木材をめぐり商人たちがもめているのを見た。もめごとの理由を尋ねると、商人たちは答えた。

「鬱陵島産木材で箪笥を作ると虫が付かないし、香もいい。この木材を配給してもらうと収入が増えるので、皆がたくさん供給してもらおうともめているのです」

東京に落ち着いた金玉均は帝国ホテルから日比谷公園側景色を眺めた。多くの西洋人が外務省に出入りしている。調べると日本近海で捕鯨する許可を求めているのだと分かった。

金玉均は日本人が鯨からとれる油が灯油になり、香水の原料になる知識を持っていないと見破った。許可の判を押せば西洋人は喜んでたくさんお金を置いていく、としか見ていない。帰国すると金玉均は「鬱陵島捕鯨事業兼東南諸島開拓事」を建言した。東南諸島に竹島が入ると崔は考えるのである。それらを開拓する事業を捕鯨と並立して実施するよう呼びかけた一点に、金玉均の独島認識が潜むとみるわけだ。

驚いたことに、崔書勉は朴正熙大統領から軍艦を借用して、浦項から鬱陵島まで航海した。独島を研究するためである。島に近い江原道の港町「三陟《サムチョク》」、江陵《カンヌン》を使わず、遠い浦項から旅客船で出向く習慣は海流のせいだろう、それを証明しようと踏査に乗り出した。実際、小さな岩礁ともいうべき竹島あるいは独島くらい解釈しにくい島はない。韓国の地図によれば、鬱陵島の内側に干山島つまり独島が描かれている。さらに古地図には干山島（独島）は鬱陵島と韓半島との間にある。

英国のセイント・ジョンス艦長が書いた日本海沿岸航海誌には独島が三峰と表示されている。韓国の歴史記録にも独島が三峰島と記録されていて、崔書勉は文献の一致に驚いた。

さて、借り上げた軍艦を浦項から出帆させ、エンジンを切って海流に乗せてみた。そうするとまず独島が先に見えてくる。それから鬱陵島が現れる。

「昔の人は独島が鬱陵島と韓半島の間にあると思い、地図にもそう表示していた」

崔書勉はこう説明する。さらに彼はソウル安国洞というところで、ほぼ四〇〇枚の韓国古地図を購入し、分析を加えて時代順に独島の位置を点で示してみた。その結果崔は「独島移動軌跡説」という仮説を立てる。私も後に述べる徳川綱吉時代の竹島問題に興味を惹かれ、ごちゃまぜ名称がなぜ発生したのか疑問に思っているのだが、日本は確かに竹島と松島という二島を混同して呼び、結果としてあいまいさを受け入れた形なのだ。あまつさえ、鬱陵島を竹島と勘違いした時代もあったと思っている。伊能忠敬が作成した日本地図にも竹島は表示されていないのだ。

「独島が日本固有の領土であって、名称を竹島というのであれば、こんな混同はありえない」

崔の目は鋭い。集中インタビューした呉東龍『月刊朝鮮』記者は日本で講演した折、崔書勉に向けられた質問と彼の答えを次のように紹介している。いかにも崔書勉らしい言い回しなので敢えて転載しておこう。

質問「竹島問題を解決する方法はないのですか」
答え「竹島は日本のものではないのですか」
質問「それならば韓国はなぜ竹島が日本の領土だということに同意しないのか」
答え「われわれは独島は私たちのものだと言ってきた。竹島を私たちのものだと言ったことはない。自分の女房を他人に自分のものだと言う人はいない。あなたたちが竹島と呼んでいる限り、絶対に日本のものにならない。独島を認めて韓国と争わなければ……。竹島はお好きにどうぞ」

質問者は目を白黒させて真意をつかみかねた様子であった。
現実に韓国の支配下にある竹島（韓国名・独島）は、島根県隠岐島の北西約一五八キロメートルに位置する。海底火山の噴火で生じた海抜九八メートルの女島（東島）と海抜一六八メートルの男島（西島）それに三二個の岩礁からなる小島だ。面積は一・二三キロ平方メートルほどで風波強く、わずかに草が茂っている。周辺海域は海産物資源の宝庫といわれる。

韓国が過激な領土権主張を竹島に掲げ、コンクリートで太極旗をかたどり、三階建ての宿舎やヘリポート、レーダー施設、灯台など施設作りに熱心な理由は何か。国際法で認められている領海の範囲が広がり、魚業専権を主張するネライがあるのだろう。およそ日本では国民の大半が竹島の存在を知らなかった。実効支配を強める韓国の攻撃的姿勢に辟易し、いやでも記憶に刻み始めたのは第二次世界大戦終了後の近代になってからだ。

筆者が崔書勉氏から贈られた「竹島考證」三巻は国立公文書館内閣文庫所蔵の「外務省記録」であり、竹島をめぐる一三〇〇年以前から明治一四（一八八一）年八月にいたる歴史的見解、明治九（一八七六）年から一四年八月までにまとめた報告書と図説、錦絵から成り立っている。

これによると、一三〇〇年以前から文禄征韓の役まで竹島が韓国領地の島という事実について「口をはさめない」というのが日本の姿勢だった。

秀吉が在韓兵力の引き上げを決してからは、「日本の版図とした」。さらに明の国人が地図を開いて竹島を見つめ、「竹島は日本の領土内にある島」と認めた。朝鮮人もまたこの説を黙許しているようだと推測した。

ところがこの竹島が周囲十里ほどもあり、山岳峨々として深谷幽絶、樹木が茂り竹が密生していると日本の記録に出てくる。実際の竹島とはぜんぜん違う貌を描写している。

但し、壬辰の乱（秀吉の征韓）が終わったころから朝鮮人の竹島往来が始まったものの、島には人里らしき煙も見当たらず、日本人が古くから言っている磯竹島、つまり無人島であり、どうやら「朝鮮人また竹島をもってわが国人の占拠するにまかせているもののごとし」といった状況だった。

そこで時の日本政権は慶長一九（一六一四）年丙寅、宋義質に命じて一四人を釜山に派遣し、竹島について談判させた。相手は朝鮮国東業府の朴慶業（パク・キョンオプ）という人だった。朴は首をかしげてこう言った。

「この島がわが国に属していることを（日本の方々は）知らなかったのではないか。いわゆる磯竹島とはわが国の鬱陵島であります。慶尚道、江原道先の沖合い海洋にあり、けだし高麗、新羅以来朝鮮に属する領土です」と主張して、日本国対馬州太守宛の返書とした。

もうお分かりであろう、両国が考える島について、食い違いとあいまいさが張り付いていた事実を。

元和四（一六一八）年に至り伯州（米子）の商人二人が竹島への渡海を許して欲しいと申し出てきた。町人大谷甚吉と村上市兵衛である。江戸から渡海免許の御朱印が出る。幕府が二人に竹島周辺での漁業を正式に許した事実が容認できる。この漁猟は七四年間無事継続した。つまり元禄五（一六九二）年まで日本が竹島近海の海上権を握った期間がこれに相当する。ところがこの年、韓の人たちが竹島に来て漁猟を営んでいる姿を目撃するのである。朝鮮人二人を召し捕り江戸に通報したところ、対馬藩に命じて朝鮮に帰し、韓人が渡来するのを禁止させた。このあたりで幕府も竹島が鬱陵島であって、古来朝鮮の版図にはいるものだと是認したようだ。

一方、いわゆる竹島に魚を獲りに行った米子の漁師たちは「元禄九（一六九六）年ですが、竹島に行きましたところ、朝鮮人もかの島へ参っておりまして、日本人と交じり合って漁猟を致しております」と報告した。

将軍徳川綱吉は元禄九年春、朝鮮人が来るのならば日本は引きこもろうと決意し、「竹島を朝鮮に与える」とまで言い切って、内政面では竹島渡航を禁止した。

このころ因州（島根）の江石梁という人物が「竹島考」を書き記していた。

「隠岐の海上に竹島がある。竹が密生し鮑の味がはなはだ美味い。アシカという海獣が住んでいる。この島の北三里ほどにもうひとつ島があり、当地で獲れるあわびの上等さは格別。自分としては元禄五年、この島に漂着して竹島あるを知った」

まさに竹島あるいは磯竹島は鬱陵島と認識した将軍綱吉は東国与地勝覧を読んだのではないかと思う。これには、江原道の沖に二島がある。西を干島といい、東を鬱陵という、と書いてある。そこで幕府は考える。二島とは松島、竹島のことなのだろうか、と。ならば竹島はどこにあるのか。

高麗大祖一三年は醍醐天皇治世に相当するが、すでに鬱陵島について確実な情報を入手していた。島の中に大きな山がそびえ、山頂に向かって東に行けば海に出るまでに一万余歩、南に向かうと一万五千余歩、西に向かうと一万三千余歩、北方向だと八千余歩の広さだとしている。村落があり、村落跡も七箇所におよび、石仏、鐘石塔も存在する。土壌は肥沃、何代に亘って人が住んでいたのか分からないが、舟人が漁をしていたようだ。こうした情報は二条天皇在世中にさらに確定的となり、朝鮮国が民を移したと記す。

一方、日本でいう磯竹島を朝鮮太宗時代（後小松天皇時代）に見ると、多くの民が磯竹島に流民として逃げた例が多いとし、土地は肥沃、自生する竹は大きな森となっているとした。

注目されるのは李王朝四代目の世宗大王二〇年から成宗二年あたり、日本では後花園天皇のころ、「三峰島という島があり、朴宗元を遣わしたところ、風波強くて近寄れず、同行した二船は鬱陵島に泊まった。このときも大きな竹、タコの類を見たが島内に居住者はいなかった」との報告があがっていることだ。どうやらこれが現在の竹島を指すのかも知れない。朴の報告書には竹島のほかにもう一島あるかもしれないという話を聞き、探訪したが分からず引き揚げた、と記されている。

そして壬辰の変の後、鬱陵島に行き来する人があり、また、たまに倭人（日本人）が現れたという話が朝鮮国で聞かれた。磯竹島とは鬱陵島を指すと朝鮮が明快に指摘したのはこのときである。外務省も文禄慶長の役の後、「八十年前に書かれた書物の趣旨（寛永年間の著述）によればわが邦人が竹島に占居したのは明らかだとみている。日本から竹島問題で協議したとき、「磯竹島は鬱陵島であるから、古来朝鮮国の領土だ」と回答を寄せたのはこうした意味合いだった。

明のことをおさらいすると、原典は武備志巻二三〇、日本考・島名の部。薩摩の種子島、肥前の平戸、安芸の宮島などと並んで竹島が伯耆に付属するとし、他計什磨（タケシマ）という和訓を当てた。その島に人が住んでいたからだが、現竹島を見れば分かるように人が住める環境ではなかったことも明白である。

ところで幕府のお墨付きをもらって漁に出た二人はお土産として鮑を将軍家に献じた。しかも隔年だが将軍の謁見を賜ると破格の待遇が定まった。寛文六（一六六六）年、大谷九右衛門は歳をとったので手代次郎兵衛をはじめ二隻に五〇人を乗せて二月、米子を出港、四月に竹島に到着して漁猟に励んだ。さらに一船を造船し、三隻で七月竹島を発ったが、航海中暴風雨に遭い、次郎兵衛の船が朝鮮国慶尚道に漂着した。朝鮮は対馬経由彼らを日本に戻した。この事件報告を兼ねて竹島漁猟のことにつき、大谷と村上は天和元（一六八一）年将軍綱吉に謁して詳細を語っている。このころから朝鮮人があまた竹島付近に漁に出てくるようになった。その上日本人と入り乱れて魚を獲るのでは面白くない。すでに日本は漁猟の利を失ったと判断できるのではないか。この時点で幕府は口上書を出す。私はこの口上書に記載された次の文言に注目したい。

「かの島のことですが、因幡・伯耆へ付属と申しましても、これ、ありません。日本が取り扱えと申されても空島なんです。伯耆の者が漁猟のため渡っておりますが、近年朝鮮人が入交しております。この島は朝鮮へ道程が近く、伯耆からは程遠いそうでありますから、かさねてこちらの漁民に対して渡海しないよう仰せつけられるべし」

元禄八（一六九五）年「向後竹島へ渡海のことを禁止する」との政策決定を土屋相模守、戸田山城守、阿部豊後守、大久保加賀守四人の老中が在判で決し、米子の松平周防守に申し渡している。

大谷と村上はこうして失職した。再三竹島漁を請願したが恩許の沙汰はついになかった。

どうも印象としては現在の竹島と本来は鬱陵島であった竹島の混在が薄ぼんやりと浮かび上がってくる。嵐に遭遇して漂着してくると日本も朝鮮国も該当者を懇切丁寧に帰国させていた風景がほのぼのとした気分にさせてくれる。対馬藩主宗義真刑部大輔は幕府と朝鮮官憲との意思疎通に当たって繋ぎ役を演じていた。


ああ、両国の境界、古今なんの常かあらん、収むればすなわちわが地なり、棄てればすなわち即人の有となる……。このような慨嘆をもって語られたのが竹島であった。鎖国政策の中では外国と争そわない国是が中心的柱であった。

松平周防守家は勝手向きが疲弊し、藩主ついに病死、継承者がいなかったためお家断絶となった。藩財政逼迫のころ、濱田廻船問屋会津屋清助の子、石州那珂郡、濱田無宿八右衛門が「濱田沖竹島は海中魚多くその利甚だ多し、願わくは渡海の免許を得られるようお願いする。漁獲量に応じて税を上納します」と申し出た。幕府によって渡海禁制となった海域である。

岡田頼母、松井図書ら家老が謀り表面は駄目だといいながら黙許してしまう。八右衛門は大谷作兵衛、三澤五郎左衛門、松井荘右衛門と密議して、魚を獲りに行くと称して、刀弓銃をはじめ国産品を詰め込み密航、竹島に至って外国人と貿易の挙に出た。悪いことはすぐ露見するものらしい。大坂町奉行矢部駿河守の耳へ入り、元禄十（一六九七）年六月十日一網打尽となって寺社奉行井上河内守に引き渡された。

岡田頼母は隠居して秋斎と号していたが自殺を遂げ、同じく江戸に召還された松井図書も命を絶ってしまう。

「異国渡海の儀は重きご制禁に候条向後竹島の儀も同様相心得渡海いたしまじく候」と理由を述べて、幕府は首謀者の首を斬った。

国法を犯してどこに出かけたのか。やはり外国人と貿易をするのが主目的であったことから、鬱陵島に達したのではないかと推量してよかろう。

明治維新後の新政府は領土開拓、新地発見に注力し始め、小笠原諸島探査に乗り出していた。こうした国家規模の事業展開を見て発奮した男が島根県士族の戸田敬義である。上京して水道橋に住んでいたが古文書などから、「隠岐の国を隔てて七十里ほどのところに不毛の一孤島があって、これを竹島と称している。北海の開拓に良き候補となるのではないか」と論じて、竹島渡海願いを東京府知事楠本正隆宛に提出した。明治一〇（一八七七）年正月のことだった。要するに自分に調査させて欲しいと言い出したわけだ。音沙汰がないので戸田は三月さらに追願、「私の心は私利をめざすのではなく、実見のうえは皇国の土地を拡張し国益を起こし、国に産物がない現状から万分の一助になればと願って、この島の鬼になるのもいとわず云々」と心情を披瀝した。

四月に至っても何の沙汰がない、季節天候の好機を逸したので渡海の件は明年に延ばすと、通告した。そうしたら返事が来た。

「数年ほど前、陸奥の士族武島一学がロシア領ウラジオストックに航海したとき、松島なる島があるのを望見した。彼は外務省に明治九年届け出てこの島を開拓するよう建議した」という内容だった。

武島によれば松島だけなのだがその後一島だけでなく竹島と二島あるという説が出ているとして、武島の報告「松島開拓の儀」を添えている。

「一人も住民がおらず一個の耕地とて無いのだが外人が材木を伐採して持ち出す姿も見た。わが国の富国を思えば、小笠原開拓よりもよいのではないか。南北五から六里、東西二、三里の松島は日本に近く、竹島は朝鮮に近い。松島の西北海岸は岩石壁数百丈、南の海辺は平坦で山頂から爆水があるので耕地に適しているようだ。内湾には船も係留できそうだという。すでに浦潮には米人コーペルなる者が在留し、日本領に松島があり、豊富な鉱山資源に恵まれているのに日本は未だに手を付けていない。鉱山、巨木、漁猟の益測りがたく……。皇国の所有となれば莫大な利益となるだろう。竹島が韓国領ならば松島は純然たる日本のものであろう」

武藤の建議を読んで外務省に書面を提出したのが児玉貞易という人物。

「富国強兵に資するため、近頃の急務」として、松島は小笠原諸島よりも一層の要島なのだから政府は英断を以ってことに当たるべしと説いた。

松島について論じた者はいない、竹島については論が多かった――この立場から見ると、松島の登場は唐突だったきらいがある。一島二名なのか、あるいは一島一名なのか、二島別名なのか判然としない。このとき記録局長渡邊洪基という人物が松島について意見を出した。

「松島は日本と朝鮮との間に位置する。長崎からウラジオストックのラサレフ港に至る間に、馬関その他石州、因州、伯州隠岐から出向く場合にも、ラサレフ港への道にあたるのですこぶるつきの要地である。当航路にはロシア、イギリスなどの船舶が出没している。他国から松島の機能と存在を聞かれて決然と答えられないとしたら、どうする（いかんせん）」

松島の洋名を「ホウリルロック」と紹介したのもこの人だ。別名「ダゼラ」といい隠岐の福浦から海上六十里。松島と竹島との距離は約四十里としている。二島別名説であろうか。位置は北緯三七度二五分、東経一三〇度五六分。朝鮮と争論した対象は竹島で、松島については出てこなかったし、日本の記録に松島が出てこないのは大小貧富の差からであったか。英国やフランスの地図を見ると対馬は朝鮮と同色。これはなんだと気持を逆立てるのと同じことだ。

しかし岩だらけで女島に苔と見まがう草が生えているだけの竹島とは全く違う島をイメージしているのは明らかだ。だからであろう、民間人の建議、質問書に答えるべき文面として外務省公信局長田邊太一が編み出した回答に、「松島は朝鮮の鬱陵島にてわが版図ならず。斉藤某の願意は許可するの権なきむね答うべし」のくだりを読むことになる。

明治一〇年七月、ウラジオストック駐在の貿易事務官瀬脇寿人から外務卿代理あてに最近ロシア軍艦が七、八隻集まり、松島近海と韓国領土の探偵をするようだと通報が入った。別電報として、伊藤長胤説である「磯竹島は陰州から三十里北にあるとしているが証するに足らず」、また「大日本国郡輿地路程全図には隠岐の北西北緯三八度に松島竹島二島を記載している」と指摘してきた。さらに水戸の長久保赤水が唐土歴代州郡遠隔地図の亜細亜小東洋図に竹島松島二島をのせていること、大日本四神全図には朝鮮淮陽府江白の東海北緯三八度に竹島を、その東南隠岐の方向に松島を乗せ、ホウリルロックと記していることを上申した。しかも竹島が大、松島小とするのが正しいと意見をつけた。要は松竹二島がある、松島が竹島の別号だとは定めがたい、とした。

この段階で田邊太一公信局長は「松島とは鬱陵島に属する于山島である」とし、韓内部に入り込んで調べるなどはもってのほか。ようやく日韓関係が安定の緒についてきたのに、余計な刺激を与えてはならない」と意見を述べている。しかも「調べるならば日本海軍が十分な時間を掛けて測量、製図し、さらに海軍士官が日数をかけて踏査し、そのとき初めて松島が鬱陵島の于山なのか、また別に主の定まらない島があるのか割り出せば良い」と論じた。

一八八一(明治一四)年九月海軍は天城艦を朝鮮に回航したが、その途次、鬱陵島に寄港して東海岸に仮泊の地を発見した。隠岐島から北西約一四〇里のところに松島(韓人これを鬱陵島と称す)はあった。乗員海軍少尉三浦重郷が上陸して測量し、その島が古来の鬱陵島であって、その北方に竹島と号する小島を見つけたが、一個の巌石に過ぎないと知って、多年の疑義が一朝氷解したと報告、地図をつけて水路局長海軍少将柳楢悦に提出した。

竹島が日韓間でクローズアップされたのは二〇〇海里の排他的経済水域の全面設定と国連海洋法条約の国会批准を目指すという日本政府の方針が発表となった一九九六（平成八）年二月である。さらに池田行彦外相が「竹島は歴史的にも国際法上の観点からも日本固有の領土」と発言して火をつけてしまう。

崔書勉が言うように韓国には独島が古来あったとする。「竹島とは日本人が日本史上取り扱ってきた別のお話、勝手にどうぞ」と突っぱねたように、私が今長々と引用してきた道程に登場した経緯を踏まえなければ議論にもならない。単なる岩石であって欝陵島に近い岩礁に過ぎなかった。筆者はこれにて竹島問題を打ち止めとする。

文禄慶長の役と大捷碑

崔書勉が独自に「七年戦役」と呼ぶ龍蛇の乱は、豊臣秀吉が明《ミン》に攻め入る前提として朝鮮半島に足場を設けようとした壬辰丁酉の倭乱、つまり日本でいうところの文禄慶長の役を指す。半島のほとんど全領土が日本軍によって蹂躙された悲劇的な戦争であった。大規模作戦でありながら、これほど〝いわれなき〟無意味な戦争はなかった。

天下を平定した秀吉が徳川家康の反対を押し切って大軍を進めたとき緒戦で大勝を収めたが、七年も続けば義軍があちこちに興り、戦局は不利になった。何ら目的を遂げずに日本軍が敗退した理由は、明の援軍、李瞬臣で象徴される海戦に敗れたこと、陸上での義兵の奮闘に見られるが、特に朝鮮王を追って西へ進軍した小西行長、北道に攻め入った加藤清正両軍は叩かれて大敗を喫した。無理な講和を図りながら撤退したのだが、崔書勉はこの史実を碑文に取り入れた「咸鏡道壬辰義兵大捷碑」を東京九段の靖国神社社域に発見した。

きっかけは日本に留学した韓国人学生について資料を調べている間に、嘯海生と名乗った学生が著した興味深い文献に接した衝撃からだった。冒頭で「この碑は龍蛇の乱において義将李鵬寿（イ・ブンス）、鄭文孚（チョン・ムンブ）が敵将兵を吉州で大破した事実を記載し、後世に伝えんとするためのものなり云々」と書き出し、これが日本に運ばれるのを許した韓国人は覚醒すべし、と促した文意であった。

咸鏡道壬辰義兵大捷碑はどこにあるのか。七八年一月、里帰りした長男を伴い崔書勉は明治後期に留学した学生の記述から靖国神社後院というカギをたぐりよせるや、九段を訪ずれた。社務所でもわからず、土手塀にさえぎられた富国生命ビル前左方の薮の中に見つけ出した。碑石は高さ一八七センチ、幅六六センチ、厚さ一三センチ。古いが広い庭石の上に立っている。上部は笠をかぶせた形で大キノコのように見えた。この場所は終戦まで遊就館だった建物である。軍事博物館みたいなもので旧華族が醵金して建立した。

新聞でも大きく報道されたこの石碑は、日露戦争当時朝鮮進駐軍後備第二師団長三好成行中将の第十七旅団長池田正介少将が南下するロシア軍を豆満外に押し戻す目的で北朝鮮に布陣したとき、咸鏡道臨溟駅で発見、凱旋する三好中将に託して東京まで持ち帰ってもらったものと判明した。碑文の日本語訳は東京韓国研究院発行の『韓』七号に収録されている。加藤清正がさんざんなめにあった史実が詳しく記されており、韓国に戻すための外堀を埋める努力が靖国神社の基本同意を取り付け、継続して注がれた。韓国にとっては大きな意味を持つ文化財の里帰りである。義将と名指しで描かれた二人の武将のうち、十三代に当たる李慶孫（イ・キョンソン）はソウルに現存し、十代目となる鄭泰秀（チョン・テス）は崔が発見した当時の文教部社会教育局長だった。

沈寿官の胸の内

筆者は崔書勉氏に同行して鹿児島に旅した思い出を持っている。日韓両政府の首相が会談した機会に韓国文化の日本流入について実態を見るのが目的だった。韓国からは金鍾泌総理が、日本からは小渕恵三首相が鹿児島に入り首脳会談を重ねた間、私たちは鈴木貫太郎内閣当時の東郷茂徳外相記念館で韓国系日本人だった東郷の足跡をたどったほか、陶工沈寿官を訪ねて話を聞いた。会った相手は第十四代沈寿官。秀吉出兵のとき、島津義弘の軍勢につかまった彼の祖先は全羅北道南原城の出身。鹿児島に連行された彼らは錦江湾そばの苗代川（美山）に集落を構え白薩摩、黒薩摩と呼ばれる技法を磨いた。土器、須恵器くらいしか作ったことのない野蛮な薩摩人に李朝の白を基本とした個性豊かな製陶技術が加味された。まるで産業革命を起こしたありさまだった。沈寿官は磁器の技法を陶器作成の過程で生かしたとされる。

庶民には一部黒薩摩を使わせただけで、白薩摩は島津家御用以外は製作禁制とした。価値はいやがうえにも高まり、特異の密貿易でヨーロッパに輸出した藩は財政を豊かにした。

十四代は大きな身体に引き締まった顔貌、めがね奥の瞳は優しさに満ち、日本語しか話さなかった。戦後初めて渡韓した六六年、ソウル大学大講堂で学生たちの前に立ったという。

「私は言いました。あなた方が日帝三六年をいうなら、私は三七〇年をいわねばならない、と」

いまならば四〇〇年も日本に〝抑留〟され続けた運命的な境遇に触れて話し出したのだった。

「聴衆は、話し終わった私に拍手をしませんでした。代わりに全員から合唱が沸き起こったのです。青年歌だったそうです。私は壇上で呆然となりました。涙が止めどなく流れ落ちました。半面、薩摩人らしくふるまおうと反射的に思いました。私はニホンジンなのです」

複雑な思いを抱いて私は沈寿官に別れを告げた。投宿した夜、近くの湾内で多くのかがり火が動いた。文禄慶長から四百年、当時彼の祖先は製陶に必要な火、土、釉薬を持ってきた。火は沈寿官にとって先祖を思う象徴でもあったのだ。日本にとって無駄な戦争は実は意義ある戦役であった。多くの技術が大量に一度に流入した事実は大きい。やがて韓国政府は第十四代沈寿官に文化勲章を授与した。

近代の国の経営において、日本は新たな技術を韓国に提供し、これを駆使して韓国は一流国に大化けしている。四百年前、日本は韓国に学び、朝鮮文化を広く受容して日本独自の文化に変え、経済力をつけていった。歴史を知ることこそ現代に生きる彼我の文化を探る手段である。

こうした勉学の機会を与え続けてくれた崔書勉氏。筆者は彼に心から感謝する。筆者は学者である崔書勉氏が日本で果たした偉大な仕事は「韓国学の道しるべ」を方向づけた功績だったと考えている。ユニークな視点のひとつに「日本を学ぶ外国人には韓国の研究が欠かせない。どうしたら役に立てるのか」真剣に考察し、東京韓国研究院の設立趣旨にひとつの目標を掲げた姿勢があった。

日韓両国は、他の諸国との間の関係とは同じようには考えられないほどの深い歴史的関係を持っているが、その関係を科学的に見究める姿勢をとるべきこと。

右の文にこめた意味をひもとくとき、私は日韓両国が真にわかりあうためになさなければならない道標が示されたように思った。単に自然科学の対比ではなく、経済、産業実体、技術、科学、化学、音楽、舞踊、料理、法律、制度、宗教、漫画などのコンテンツ文化といった集大成を対象にそれぞれに就業する人々が己を知り、相手を識る努力を惜しまないこと。むしろ分ち合って、刺激を与えあって、人類平和のために尽す大きな道が、その先に広がっていることを感覚的に提示しているのだと考えた。

一般に認識する高齢者の枠を大きく踏み出してしまった崔書勉は仲間と打ち解ければ酒量に制限をおかず、徹底的に飲み明かす体力と気力を若者並みに維持して、彼よりも若い世代が一人歩きする姿を楽しみに眺めている。崔書勉の周辺にみる若い学究は慶応大学、早稲田大学などでいい仕事をしている。願わくば、才に溺れず、地道に丹念に真実の探求に邁進してほしい。日本人で実に多くの学究が崔書勉から大小はあろうが影響を受けて育っている。若い人たちはそれなりに新しい日韓の絆を太くたくましく強めて欲しい。

今上陛下の訪韓が早く実現できればいいと、筆者は、心から願う者の一人である。歴史をよくわきまえている老年最後の貢献とは、若者には及びも付かない深みと広がりにおいて相手を思いやる心のあり方を世に示す勇気だと思う。ただし陛下は近く生前譲位され上皇として人間の権利を全うされる。混乱のさなかにある韓国政治の現状がはばんでしまった。

最終章　崔書勉に友あり

在留資格の延長

母国である韓国に戻ったのは一九八八（昭和六三）年だったが、崔書勉は一九五七（昭和三二）年日本亡命以来、三年間の在留期間延長を続けてきた。かなり以前になるが、入管局次長の子息が韓国留学を希望したとき、延世大学入学に力を添えたことがあった。某日、膨大な書類の束を持つ局次長本人の訪問を受けた。

「三年に一度の手続きを繰り返すわずらわしさから解放して差し上げますよ」

そう言う外務省出身の法務省入国管理局次長はごく軽い気持ちで感謝の意を表明しようとしたのであろう。ニッコリ微笑んだ。折角の好意に対し崔書勉の心は揺れた。しかし自分は好んで来日した韓国人ではない。永住権を貰うために来たのではない。

「永住権を頂戴するのは遠慮します。気持ちがぴったり来ないからです。田中耕太郎先生に身元保証人になると言われ、これまで努力してきました。しかし、良い日本人ヅラをした韓国人にはなりたくないのです。第二次世界大戦が終了した日を光復日として三六年に亘った貴国による朝鮮強制併合から脱したとはいえ、どのような国造りに邁進すべきか、わが韓国ははげしくのたうったのです。私は在上海韓国臨時政府大統領になった金九さんの流れをくみ、張勉さんの路線上で行動した学生でした。大韓学連委員長であった当時、張徳秀暗殺事件が発生、連座した形で逮捕されました。米軍政下で裁判を受け入獄、やがて刑を終える形で自由の身となったのですが、張勉先生の右腕ということだけで李承晩大統領から狙われました。大統領は軍政下死刑を言い渡された私をよしとして排除に動きました。魔手から逃れるため尽力を頂戴したのが張勉先生でした」

ヴァチカン亡命を用意し、いったん日本に寄ったとき、最高裁長官だった田中先生に「いま日本に足らないのは優れた韓国人の存在だ。法の番人として、密航してきた貴方を再び海外に送り出す犯罪を犯すことはできない。自分も勉強したい。身元保証人になるから日本にとどまりなさい」とおっしゃった。いまはヴァチカンなどに行かなくてよかったと思うと語る崔書勉に局次長は深い感銘を受けて、必要書類を持ち帰った。

二〇一八年九月、旧盆でがらんとしたソウルを後に日本を訪れた崔書勉氏は、筆者を呼び出し、在留期間延長の書類を出すから、身元保証人になってくれと頼みこんだ。彼が大活躍していた時期と現在を比べて全く同じ動作は、来日すればその足で神田の古本屋街に出向き、あるいは外交史料館、国会図書館に駆けつける姿である。自分も崔氏を知る老人の一人になったのかと感無量な気分を味わいながら署名し捺印した。

翰林会に余生を

「こころの家」と言えば関西地区で知らないものはない特別老人養護施設だ。大阪、京都などに四か所、およそ六百人ほどの在日韓国人が入居し、老後の健康管理を委ねている。経営者は二つの顔を持つ。一つは尹基（ユン・ギ）という韓国名、もう一つは田内基《たうちもとい》という日本名。

一九三四年高知市で生まれ、親と共に木浦《モッポ》市に住みついていたのだが、朝鮮動乱に遭遇、苦痛に満ちた生活を送った。人の不幸を見て見逃すような人間には育っていない。日本人女性と結婚し、特養経営に専念してきた。こころの家・東京が五番目の施設として東京都江東区塩浜一丁目に進出を果たしたのが二〇一六年夏である。田内は崔書勉博士を新装なった「故郷の家・東京」の施設に案内したのだった。

正式竣工式は十月十七日、淀橋教会主管牧師峯野龍弘氏の司会による感謝礼拝から始まり、柳在乾（リュ・ジェゴン）韓国ユースホステル連盟総裁ら韓国勢が主導する。

ここで基さんの母田内千鶴子の生涯に触れておこう。夫が韓国人牧師であり木浦に居を定めていたが、朝鮮動乱のさなか親兄弟から切り離された戦争孤児多数が発生する。千鶴子は私財を投げ打って木浦に共生園という施設を建設し、約三千人の孤児の母となって暮らす。今から八八年前のことだ。

彼女が亡くなったとき、一万人もの市民らが弔問に列を作ったと言われるほど、千鶴子は尊崇の対象であった。基は千鶴子の長男である。その後財団が作られた。イン・鶴子共生財団という。

母子二代に亘る福祉家家族と言えば適切であろうか。

典礼に続き「次世代に伝えたい韓国と日本の親孝行文化」と名づけた講演会が用意された。金東吉自由民主連合顧問・元延世大学副総長と阿部志郎神奈川県立保健福祉大学名誉学長二人が講演会に臨み多くの聴者を前に語りかけた。

午餐会には高齢者の健康食として日常提供されている韓国のお粥三種、あわび、松ノ実、カボチャが振る舞われ、午後二時ころからおよそ三百人の参加者を得て竣工式が行われた。

崔博士は見学した日、田内基に向かい、「ここに翰林会を復活させたいものだ」と語りかけている。立派な施設を有意義に使いきるため、日韓友好を願う人々の集いの場としてアカデミックな活動拠点を築いたらいかがかと。以前岸信介ら何らかの形で韓国から学位などを授与された者たちを集め、翰林会を営んだのが崔博士であった。当時は高尚なレベルの、限られた人々による勉強の場だったが、今度はこころある両国の誰でも参加できる形で「故郷の家・東京」を整えようという構想について、崔博士は熱弁をふるった。

竣工式典とは切り離した形での発言に筆者も日韓談話室代表世話人として加わった。

「崔書勉さんの気持ちを汲み上げるならば、日韓両国に縁のある場所を毎回数か所選び、バスを仕立てて小旅行する案およびここに日韓関係資料としての図書室を設ける案を提出します」と筆者は述べた。

バスで高麗神社を訪ねたら、バス内や現地で崔さんにいわく因縁を語ってもらうという構想には賛成の声がたくさん集まった。多分年に二回、そのような趣旨の勉強会を参加しながら楽しむ道が開ける感触である。崔博士は常に学ぶ姿勢を崩したことがない。余生の暇つぶし策が生まれたようなものだ。

触れ合い

「先日は先生の卒寿のお祝いの写真とお手紙をうれしくいただきました。ありがとうございました。

友人、知人また先生を尊敬しておられる方々にかこまれた先生は九十歳と思えないさっそうとしたお姿でますますお元気なご様子にお見受けいたしました。

来年は日本に来られてから満六十年になられるのですね。一九五七年は私は未だ聖心会に入会していませんでした。先生のお名前を初めて耳にしたのは一九六七年、少しの間渋谷のあけのはし修道院（当時の聖心会日本管区本部）に住んでいましたとき（管区長メール・キオ）、管区会計シスター永峰からお聞きしたことです。それから一九七七年あけのはし修道院の住人になり、シスター永峰から度々先生のお名前を耳にする機会がありました。

先生はメール・キオを恩人とお思いになって聖心会日本管区のためにいろいろお心を尽くしてくださいましたが、日本管区は先生を大切な恩人と思っております。韓国聖心の創立のときも先生がお力を下さったので、創立が実現しました。また日本国内（当時はアジアへの国外旅行のためのビザ申請が困難でした）の聖心会の外国旅行のために多大なお助けをいただきました。

聖心会においてこういうことを知っているシスターたちももう少なくなりました。私は先生から美味しい海苔を頂くたびに若いシスターに先生のことを話しております。

先生のこの六〇年は大切な歴史でございますね。二〇一七年五月、裾野のメール・キオの墓参りをなさりたいとのこと、私も出来ましたら裾野で先生にお目にかかれたらと思っております。楽しみにしております。

どうぞお身体お大切になさって長生きなさってくださいませ。（特に今夏は例年にない猛暑との予報が出ておりますので）

いただいたお写真を前にこれを書かせていただきました。

二〇一六年五月二十六日　　シスター　景山左和子」

手紙全文を引用したが景山さんはいまでも宝塚市塔の町にある聖心会小林修道院にお住まいである。

加齢を重ねれば当然、孤独に陥る運命から逃れられない。それでも崔博士はわが道を往く。八十八歳米寿の祝い会がソウルで開かれたとき、現職の外務部長官（外務大臣）孔魯明（コン・ロミョン）など元長官のほとんどと金雨植（キム・ウシク）元首相など一二〇人が出席した。祝賀を受けた崔自身が目を剥くほどの盛会だった。彼が語った内容はまた新聞各社が記事にしている。日韓両国がそれぞれ互いを知る謙虚さを訴え、親善友好の意義を淡々と語った内容だ。

崔は二〇一七年を在世もっとも重視している。日本に滞留すること六〇年、「キオさんの墓参を果たしたい。知る限り世話になった方々のお墓に参じ、感謝の祈りを尽くしたい」と語る。これまでの人生を振り返るとき、日本なしには何も語れない。亡命直後から犬養家ゆかりの上流階級の家に住むことを許されるなど、精神的に高度な日々を送れた事実への感謝を崔は決して忘れない。

大阪の喜劇役者大村崑がにわかに上京し崔に電話を入れたことがあった。

「自分の息子が韓国女性と恋仲になりました。ついては結婚式に著名な崔先生のご媒酌を賜りたい」と願う熱心さに打たれて、承諾した。一年間なしのつぶてだった。ようやっと電話が鳴った。大村ではないか。

「あの話は壊れました。私も釜山の実家を訪ねて先方の両親に結婚をと願ったのですが国籍が違うから許すわけにはいかないと断られました。今度は日本女性が相手ですが話がまとまったので、お願いした先生にどうか媒酌人の労を取って頂きたい」

仕方なく崔は大阪まで出向く。会場に入った途端帰りたくなった。出席者が政治家と芸能人ばかり。普段付き合った類の連中ではない。臆したと言えばよろしいか。さすがの崔博士がたじたじとなるとは。正座に案内された崔に媒酌人挨拶の段取りが巡ってきた。彼は立ち上がりざまこう言った。

「みなさん、私が一人で切り盛りするのではなくみんなでやりませんか。政治家の先生方は全員舞台にあがってください。そうしたら割れるような拍手が起こった。大村が喜んでね、今日ばかりは呉越同舟だと和気あいあいの披露宴になったよ」

大村は談話室メンバーではない。崔書勉を先生とあがめ、全身全霊を込めて温かな家庭的な場所を用意した女性がいる。二〇一五年冬七十六歳で息を引き取った旅行社オズ・インタナショナルの社長、会長を勤め上げた寺田佳子だ。国策研究所の矢次一夫の豪快さにひきづられるように日韓協力委員会にのめり込んでいた寺田は一九九六年専務理事小河原史郎が開催した勉強会で崔書勉に出会う。翌九七年、寺田は「崔書勉先生を囲む日韓談話室」を組織化した。小河原氏の死後、未亡人となりながら寺田を助けた清子夫人は矢次の秘書嘉陽嘉枝とも協力し崔博士の面倒を見ていく。岸信介秘書だった堀渉氏を代表世話人に据え、福田赳夫秘書官だった越智通雄衆議院議員を重鎮として招いた。筆者が談話室に入ったのは九八年である。さまざまな縁で知り合った五〇人ほどが崔博士を囲む骨格を形成し、頻繁に韓国情勢をサカナに集まったものだ。

二〇〇二年十一月十一日来日した元国務総理金鍾泌はいつも小人数の会合を好み、目がなかった蕎麦を楽しみながら昔話を聞かせる役回りだった。なかでも一九六二年十一月十二日東京で実現した「金・大平会談」の実相を披露した秘話は圧巻だった。朴正熙国家再建最高会議議長から対日請求権問題の解決を指示された中央情報部長が牛の如く部屋内を歩き回り、ウームとうなりながら考える大平正芳外相を相手に、総額八億ドルの支出を認めさせた描写は手に汗を握る迫力に満ちたものだった。それもこれも崔書勉の存在があったからこそ可能となった秘録であろう。

寺田佳子の献身は崔博士の親友だった金山政英氏とのからみで博士の懐刀を演じたことでも異色と言っていい。金山は東京韓国研究院に所属する以前の駐韓大使時代、朴正煕大統領と崔博士を会わせたり、金浦空港に陣取り、実力行使を急ぐ韓国警備の情勢下ではよど号事件の平和解決は期し難いと述べてやめさせるなど見に見える業績を重ねてきたが、一九九七年十一月一日八十八歳で世を去った。「死しても日韓の友好を見守りたい」との遺言に沿い、崔博士はソウル近郊に持つキリスト教徒用の広々とした墓地の一部を提供、金山のために新たに墓標を建立し、そこに分骨した。

翌九八年八月二十八日崔書勉総指揮の下、越智通雄元国務相を代表に、筆者が団長となって参列したのだが、お膳立ては全て寺田が仕切っている。発起人に村山富市総理、シスター・ブリジット・キオ、崔博士を立て、韓国側には金守漢（キム・スハン）元国会議長、金鍾泌元総理の発起人起用を願った。日本から参加した葬送団は十名。埋葬式は金南洙（キム・ナムス）ローマカトリック教会大司教によって、ここ一山墓地にふさわしく挙行された。故人の洗礼名聖アウグスチヌの霊はこうして慰められた。「金山は韓国に帰ってこられたという気持ちだと思います」夫人やす子は胸を一杯にしていた。

三男成吉は「父と同じ立場で国を思い、韓国の発展のために尽力してきた人々だけが今日の葬儀に参加が許された。これは崔院長がローマカトリック教会を巻き込んだ大胆且つ緻密な手法で、死んだいわば異国の戦友に見せた心温まる心遣いだと強く感じた」と感謝した。

この五〇年余、崔の研究は明成皇后（閔妃）弑逆事件に及び多数の資料を発見している。さらに国会図書館に収められている日本人研究者による図書を読んで、自分が韓国人なのに日本人よりも韓国を知らない非韓国人だと自らを責めながら資料集めに没頭し、研究を続けてきた。日本人閣僚は時折韓国に対して妄言を吐く。明治憲法を決めた伊藤博文という大事な人物を殺したのが安重根だ、といった類の発言を指すのだが、崔院長は冷静にこういう。

「歴史眼がないため妄言を発するのだ。安重根をテロリストとするのはジョージ・ワシントンやジャンヌ・ダルクをテロリストと呼ぶのと同じだ」

彼に言わせれば、日韓関係の不幸な原因は、日本が韓国を国家として認めず、植民地としたことから始まった。日本が過去の過ちを認めて、韓国を未来を共にする隣国として尊重するとき、初めて共存が可能になると断じる。崔の信条は、日韓合併ではなく、日韓強制併合だったという認識である。もっとも憂うべき事柄は、日本の教科書だと批判する。事実が歪曲されている事実。事実を捻じ曲げた形で記述されている教科書で韓国を勉強する若者たちの未来である。何とか解決させたい教科書問題だと崔院長は説く。

日韓談話室群像

元外交官で釜山、瀋陽などの総領事を歴任した阿部孝哉は崔院長に可愛がられた一人だ。退官後公益財団法人日韓文化交流基金業務執行理事として韓国動静を出版するなど活躍した。一九七三年飯倉にあった東京韓国研究院に金山大使を訪ねた折初めて崔院長を知る。顔を合わせれば必ず花札で遊んだ。韓雲史（ハン・ウンサ）という作家が何時も加わっていたそうだ。

元内閣情報調査室長のちに日本文化大学学長を務めた大森義夫を初めて国会内部に案内した崔院長が衆院議長と日本語で会話する様子を見て大森はびっくりした。いつだったかこんな会話を交わした。

「日本人がとても好きな歌が二つあるね。大伴家持の詩に信時潔が曲をつけた海ゆかばと田原坂だ。

西郷隆盛おいらの兄貴、国のためならオハラハー、死ね、というたのは大間違いだ。〝死ぬ〟と言ったほうが西郷さんを慕った薩摩兵児のためにもぴったりくる」と自説を押し付けてくる。

「歌という情感に表出してくる日韓間に共通する心のヒダというか心情基盤があってこその発言だった」と次第に心酔した大森だったが惜しくも二〇一六年春大森は他界した。

台湾に長らく居住した奥原徳太郎は嘉陽さんが連れてきた談話室で最高齢のメンバー。九六年十一月、六本木の寺田が経営する仏料理シャルトルーズで初参加している。以降六回ほど欠かさず出席してきた間に、安重根の話を初めて聞いた。その後有楽町の日本倶楽部に場所を移し、やがて麻布十番に近い三田の東京さぬき倶楽部が崔院長の定宿となるにつけ、談話室会場となっていった。

亡命当初世話になった木内信胤の一子木内孝は生前団長となった村松剛のイスラエル旅行に参加し、崔書勉と同室になる機会を得ている。作家藤島泰輔、青木一能らも加わった一一人の青年はハイファ大学でイザヤ・ベンダサンこと山本七平と会談している。崔が夜中ベッドから床に転げ落ちながらも平気でいびきをかいていた情景にでくわしている。


拓大副学長を務めた草原克豪は初代国際連盟事務次長を務めた新渡戸稲造の研究者。初めて九七年崔院長に会っている。二十一世紀を考える会で崔が日韓史について講演したときだった。講演が終わると崔は草原に二泊三日の韓国旅行をやるから一緒に行こうと誘う。未知の国に行けるとあって草原は飛びついた。滞在した日々そのものが新鮮だったが、最も感銘を深めたのが崔院長による日韓関係の重要性に触れた言葉「両国関係が良くならなければ、それは時代の要請に対する怠慢であり、歴史への背反である」

自分も含めて日本人は韓国を知らなさすぎる。特に近現代史についてあまりにも無知だ。反日教育に染め上げられた韓国人と歴史に無知な日本人とがいくら互いに交流を進めても健全な相互理解に結びつくとは思えない。こうした認識から草原は談話室の同人となった。

崔書勉は外務省外交史料館の常連である。閲覧室に入ると小柄な紳士をしばしば見かけるようになった。崔が休憩室で一休みしていたとき「あなたは韓国関係資料を調べているようだがどのような目的なのか」と問われた。来るたびに異様なエネルギーを発散させる崔院長に声をかけたのが長井泰治だった。長井は駐韓公使を務めた加藤増雄の親戚であった。閔妃弑逆事件後に就任している加藤について研究を深めているのだった。「話をするため一杯やろう」と誘われた長井は歓談するうちにこの人物が加藤公使を良く知っていることにびっくりし、伊藤博文とだぶった熱弁の士に言われるまま談話室に入った。

「先生が韓国と日本との間を精力的に往き来できる原動力は何ですか」

「日本と韓国の異なる文化を理解するよう心がけ、双方の良いところを見ているんですよ」

静岡県立大学の教授小針進は崔書勉に乞い、同僚と共に崔の生涯をたどるヒアリングをしたいと願い出た。文部科学省から予算も出ているという内容は、老齢を重ねる博士にとって思いがけない企画であった。研究成果は学内にとどめ、外部で発表しないという条件だ。オーラルヒストリーが日本における韓国史の充実を図る学術振興のために役立つのだという方針説明を受け、諾を与える。こうなれば当然小針教授も談話室に顔を並べる形とならざるをえない。世界大戦後の光復日獲得前後の事情について崔博士は生き字引だ。ひとつのリーガシイ実現のために崔は協力を約束した。

東大阪在住の日本電動特許株式会社代表取締役徳山謙二朗は談話室内外で崔院長が早くから知った快男子だ。故力道山夫人吉田の面倒を細かに見ながら、日韓を往来する経営者だが、一番近い日本と韓国との協力関係を進めずして世界の平和はあり得ない」を持論とする。崔博士については「劉備玄徳の仁徳、関羽の武勇と義理堅さ、張飛の勇猛と無邪気さ、諸葛孔明の知識と知恵のすべてを掛け合わせたような方である」と絶讃だ。

米国と日本の地盤沈下が崔先生滞日五五年ごろ顕著となり、アジア方面へは中国の進出が際立つと分析する西ヶ谷邦正は八四年日韓協力委員会に入会した。その後日韓談話室にも夫人と二人で参加しているが、経済は中韓中心、政治は米韓日軍事体制という韓国のねじれ構造の継続では無理が生じると指摘した研究者だ。李明博（イ・ミョンバク）前大統領の竹島視察と天皇明仁に対しての真摯な謝罪要求が韓国で八五パーセントの支持、日本側から見れば「非常識・無礼」というのでは日韓両国は同床異夢以下で、とても「近くて近い関係」とは言えないと警告し続けている。

談話室で異質な存在と言えば朝日新聞社出身の山下靖典だ。山下が崔の前に現れたのは八六年アジア競技大会ソウル開催の頃だ。以前から崔と話し合う関係にあった記者で、政治部長、九州総局長を務めた西村多門の紹介だった。記者交流制度に乗って韓国を初訪問した山下に漢江際にある店に来いと誘いをかけている。山下が出向いてみると、そこに外交部の権アジア局長が同席していた。山下にしてみれば招聘元の人物である。山下は食事をしながら近松門左衛門を思い出していた。「虚実は皮膜の間にあり」と言った近松の言葉に触発され、崔書勉の真実は様々な貌の間にあるのかと思い、伝説的部分と真実との間に本当の顔があるに違いないと考えたのである。初印象はつかみどころのない人物とでも言えようか。

筆者の従兄故橋本鉄司を熟知し韓国文化院で韓国音楽を学ぶ渡井幹子は談話室で受付などの業務を積極的に引き受ける数少ない女性メンバーだ。談話室が国会議員になった朴槿恵を二回東京六本木のシャルトルーズに招き夕食を共にした見返りだったか、談話室の主力が寺田の旅行社に身を預けてソウル国会を訪問したとき、渡井も同行している。国会内の食堂で昼食をご馳走になったのだが、「ご結婚はいつですか」と質問したのが渡井だった。朴議員はさりげなく「私は政治と結婚するんです。韓国発展の基礎を築いた父朴正熙、国民的人気のあった母陸英修に対する人々の郷愁を考え、そう決めたのです」という答えを引き出している。

世話人寺田佳子の死

オズ・インタナショナル旅行社を日韓協力委員会専務理事だった小河原史郎と設立、日韓間旅行社の面倒を見てきた寺田は社長時代はもとより会長となっても崔書勉を温かく迎えるため渾身の努力を重ねる女性だった。ある意味で日韓交流史の生き字引ともいえる存在で、相談相手に足る人材であった。晩年は寺田と筆者とがすべての計画立案をこなし、崔博士来日時には必ず予定を貰って東京さぬき倶楽部で夕食付の勉強会を開催したものだ。

寺田には持病があった。喉を開け管を通して呼吸する日々はさぞかし苦しかっただろう。堀渉氏が高齢のため事実上実務をこなせなくなってから筆者が代表世話人となり、談話室でも崔院長を主人公とした逸話を話したものだ。これも寺田の案だった。

在日の日本語新聞統一日報の紙面を飾る座談会——日韓国交正常化五十年——には崔氏のほか寺田佳子にも正式弁士として加わってもらった。写真入りで自分が登場している紙面を見て「生まれて初めての経験、嬉しいわ」と喜んだ姿が忘れられない。

二〇一六年に入って体調が大きく崩れ、痛みに耐えかねて「早くお迎えが来るように」とまで叫んだという寺田は二月早々、ついに鬼籍に移ってしまう。崔博士に緊急連絡して来日を促し、六日通夜、七日葬儀告別式を桐ケ谷斎場で催した。法事に崔は参加した。「あのようにきれいでかわいい顔をしていたとは」と参列者が口々に驚きの声でつぶやいたほど、寺田佳子はあどけない表情でねむっていた。

筆者は八日関係者に声掛けし、談話室をどうするか、緊急会議を開いた。崔院長も顔を出した。オズ・インタナショナルから社長ともう一人白村充子が来てくれたが、談話室の継続には手を貸せない、会社は赤字体質に陥っており、これを救い立ち直るのが先決。日韓談話室は会長が趣味としてやってきた仕事ですから、と席を立った。

しかし森松義喬、山下靖典、渡井幹子らは「寺田無くしても談話室は残る」という信念に燃え立っていた。筆者は山下氏に世話人就任を、渡井に事務局の切り盛りを依頼し、森松に世話人として引き続き力を発揮していただきたい旨を述べ、方向性を明示した。それは三月三日に寺田佳子を偲ぶ会を、四月四日に迫った崔書勉生誕九十年の集いを開く形となっていった。偲ぶ会には二一人が、卒寿祝会には五〇人が集まった。その中に朝日新聞社主筆を務めた若宮啓文も元気な姿で登場した。彼はその後北京に入り、宿泊先ホテルで死亡している。

卒寿の会合で長口舌を振るった落合一秀は一九九八年八月、伊豆・天城で三日間合宿研修会を開いた人物だが、当時審議官をしていた外務省の小川郷太郎氏に頼み崔院長を特別講師に起用している。参加を受け入れた当夜彼は落合を飲みに誘った。談論が弾むにつれ、崔は「記紀の三分の一は韓国の話だよ」と述べ、好きな論語の一節を披露している。それは「本《もと》を務む、木立ちて、道生ず」であった。

若宮の「戦後七十年、保守のアジア観」第五章一から四項目までは崔書勉を取材源にしたものだ。韓国大統領朴槿恵が二〇一三年訪中した際、ハルビンに安重根を記念する碑を設けられないかと習近平に持ちかけた。中国は習近平の判断でこれを記念館に格上げし、一四年一月ハルビン駅に開設した。博士はさっそく訪問して現物を視察している。日本では菅義偉官房長官が異常反応を示してこういった発言を明らかにした。

「安重根は初代総理伊藤博文を殺害し、死刑判決を受けたテロリスト。このような動きは日韓関係のためにならない」と不快感をぶちまけた公式発言だ。犯罪者とかテロリストという表現を日本政府の要人が公式に使うのは異例のことだった。

若宮はさらに閔妃弑逆事件に触れ、隣国の皇后を殺害した三浦公使指揮による犯罪行為を黙認した伊藤博文、日露戦争に勝った日本が韓国への支配権を確立していったと記述し、伊藤はその主導者だったと書いている。

監獄に入れられた安重根は西洋に対し、日中韓三国の団結を説いた「東洋平和論」を大いに評価し、孫文らが展開した大アジア主義につながるその内容に日本人が共鳴したほどだと述べもした。


聖心会シスターを務めた嶋本操は東京・広尾の聖心会第二修道院でシスター・ブリジッド・キオ東洋管区長と一緒に住んだ経験者だ。しみじみと語った内容と崔書勉宛て最近の手紙を披露して、この一文のくくりとしたい。

「一九九六年ソウルに聖心会の修道院を、九七年に聖心女子大学を創設したキオさんを、初めて金浦空港に出迎えたのが崔さんでした。このとき以来キオさんは崔さんを特別に思い、世話になったことを喜びとされていました。キオさまは韓国といつか平和で尊敬と友情に満ちた関係を

（日本）が築いてほしいという願いを、抱いておられました」

「二〇一七年に日本滞在六十周年を迎える五月二十七日には是非とも参加させていただきたく楽しみにしております。先生のお人柄に触れさせていただくと心が洗われる思い、あたたかい感動に包まれます。裾野にいらっしゃるときにもお供させて頂きたいと願っています。どうかお元気でいらっしゃってください。シスター・キオも天国で大喜びなさると想像いたします。心よりの感謝をこめて。

嶋本　操」

崔さんと私——あとがきに代えて

彼の生まれ故郷、江原道原州を見てきた。ウォンジュという。

極寒の師走半ば、低地の山々は雪に埋れ冷たい風が襟元から遠慮なく入り込む。目下のところ、市の目標は企業、住宅などを誘致するため更地になった百八十万坪の土地を開発することだ。整地後の七割ほどが既に売却気味。一区画二万五千坪ほどがポツンポツンと残っている。

時速一四〇キロでソウルからぶっとばして二時間半。近くに二〇一九年冬季オリンピック会場があり、交通の便は飛躍的に向上する。帰国してすぐ崔さんの東京の常宿さぬき倶楽部を訪れて会ったのだが、冬のウォンジュには何もなく、つまらない街だと一蹴されたものだ。

ともかく日本は暖かく豊かで過ごしやすい。「ソウルに帰るのが嫌だよ」とつぶやいた崔さんの気持ちはよく理解できた。

初めて日本の土を踏んだとき迎えにきていたカトリックの大物もとっくに亡くなっており、ほとんど一人ぽっちになった崔さんは無性に寂しくてたまらない。故郷の同級生も二人くらいしかのこっておらず、まして来日当時世話になった日本人は鬼籍に移ってしまった。「私が一人生きているようなものだ」と述懐するのだが、寂しさを国会図書館、狸穴の外務省史料館に行って勉強する姿が最近の崔さんの日常だ。

筆者は崔さんに美学を見る。一人生きて残ろうと、彼には日韓談話室があり、後輩や慕う人々をたくさん抱えている。まだまだ生きていていただかねばならない人物なのだ。

昨二〇一六年、筆者は崔さんに乞われて身元保証人になった。田中耕太郎に比べるとあまりにお粗末な人間だが、これも生き残っている身の一つの仕事なのであろう。

お互いに知らない関係だったがひょんなきっかけで未知谷の飯島徹さんに声をかけ、原稿を送り込んだ。一読して面白いとの評価が出ると同時に五月二十七日の崔書勉来日六十年記念日に一冊の本として献呈できるよう手配がととのった。筆者も編集人も必死に取り組み、初校校正までたどりついたのが四月の第一週だった。飯島さんの計らいを得て初めて活字となり一冊の本として崔書勉氏に献呈できるのだ。共同通信社長として指導を受けた故犬養康彦氏も草葉の蔭で喜んでおられると考える。

五十五年体制時代の日韓関係以来活躍されている崔文学博士、ついに韓国学を確立したこの偉人についてどうか広く読まれることを期待する。隣国が生んだすさまじいまでの精神力に輝く崔博士もまた、こうして新たな光を当てられ、日韓の深い歴史観の形成に大きな貢献をし、鮮やかな彩りを添《そ》えた存在となって頂きたい。

二〇一七年三月二十七日

日韓談話室代表世話人　橋本明

崔書勉関連略年譜

一八九五（明28）年　日本軍守備隊他韓国国母閔妃暗殺
一九〇九（明42）年　安重根韓国統監伊藤博文をハルビン駅頭にて射殺
一九一〇（明43）年　日本韓国を併合、植民地化
一九一九（大8）年　韓国独立運動（三・一運動）発生
一九二六（昭1）年　崔重夏、江原道原州に誕生（父崔義浩、母崔海晟）
一九三〇（昭5）年　四歳にして開運塾入塾、漢学を学ぶ
　　　　　　　　　京城師範を嫌い延世大学に転学
一九四五（昭20）年　八月、日本の敗戦に伴い併合から解放
　　　　　　　　　韓独党傘下の大学学生連盟委員長に選出
一九四六（昭21）年　後の副統領李始栄の推挙で大東新聞記者となる
一九四七（昭22）年　張徳秀暗殺共犯容疑で逮捕
一九四八（昭23）年　無期懲役で服役、李始栄の勧めで崔書勉と改名
　　　　　　　　　安思永の勧誘でカトリック（天主教）信徒となる
　　　　　　　　　大韓民国樹立、李承晩初代大統領となり政敵金九を暗殺
一九四九（昭24）年　刑の執行停止で釈放、ソウルで教理講習を受ける

一九五〇（昭25）年　朝鮮動乱（六・二五）勃発
一九五一（昭26）年　海港都市釜山に移住、戦災孤児院「聖パンジコの家」を運営
　盧基南主教の誘いで天主教総務院事務局長となる
一九五六（昭31）年　主教館のパーティで金大中と知己を得る
一九五七（昭32）年　政権抗争の危険を逃れ妻朴順玉と共に日本に密航
　聖心修道会東洋管区長シスター・キオの支援を得る
　最高裁長官田中耕太郎の手配と身元保証で特別滞在許可取得
　以後国立国会図書館で韓国・韓日関係研究に励み資料を収集
一九六〇（昭35）年　亜細亜大学講師を委嘱さる
一九七〇（昭45）年　東京韓国研究院を創立
　安重根研究を韓日関係史研究の中心に据える
一九七二（昭47）年　元駐韓大使金山政英を研究院常務理事で迎える
一九七三（昭48）年　金大中拉致事件発生
一九七四（昭49）年　在日韓国人文世光、大統領夫人陸英修を狙撃
一九七五（昭50）年　研究院を港区狸穴から同区三田に移転
一九七九（昭54）年　金載圭朴正煕暗殺、『韓』に「日本人が見た安重根」寄稿
一九八八（昭63）年　韓国で国際韓国研究院設立、安重根評伝を執筆
　以後日韓を往還しつつ研究を続行現在に至
一九九六（平8）年　崔書勉を囲む日韓談話室開設

崔書勉《さいしょべん》（チェ・ソミョン）

1926年4月4日、江原道原州生まれ。延祇専門学校政治科、忠南大学大学院文学博士、壇国大学文学名誉博士。第1回ＭＢＣドクト平和大賞ウサンボン賞受賞（2013年）。

1951年　聖パンジコの家院長
1960年　日本亜細亜大学講師
1969年　東京韓国研究院院長
1988年　国際韓国研究院院長、理事長、安重根義者崇慕会理事、韓国モンゴル親善協会会長

橋本明（はしもと・あきら）

1933年5月24日　横浜市生まれ
1940年　学習院初等科入学
1956年　学習院大学政治学科卒、共同通信社入社
社会部、国際局海外部、外信部を経てジュネーブ支局長、L.A.支局長、国際局次長、IOC報道委員、KK共同広報センター長
1998年　退職、講演、執筆活動に専念。
著書：『チトー』（恒文社）、『平成の天皇』（文藝春秋）、『昭和抱擁』（日本教育新聞社）、『平成皇室論』（朝日新聞出版）、『美智子さまの恋文』（新潮社）、『棄民たちの戦場』（新潮社）

韓国研究《かんこくけんきゅう》の魁《さきがけ》　崔書勉《さいしょべん》

日韓関係史を生きた男

2017年5月 1 日初版印刷
2017年5月27日初版発行

著者　橋本明
発行者　飯島徹
発行所　未知谷
東京都千代田区猿楽町2丁目5-9　〒101-0064
Tel. 03-5281-3751 / Fax. 03-5281-3752
［振替］　00130-4-653627
組版　柏木薫
印刷所　ディグ
製本所　難波製本

Publisher Michitani Co. Ltd., Tokyo
Printed in Japan
ISBN978-4-89642-526-0　C0095